INVENTAIRE
V 30,601

AF310201

493

D'Argy

ESCRIME DU FUSIL

APPLIQUÉE 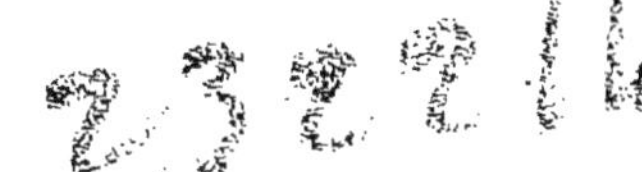

AUX TIRAILLEURS.

Par C. D'ARGY,

CAPITAINE AU 70ᵉ DE LIGNE, EX-DIRECTEUR DU GYMNASE
DIVISIONNAIRE DE LYON.

NOTICE.

LYON,

DUMOULIN, RONET ET SIBUET,

IMPRIMEURS-LIBRAIRES.

—

1843.

BIBLIOTHÈQUE ROYALE

Lyon. — Imp. de Dumoulin, Ronet et Sibuet.

NOTICE.

Depuis long-temps en France, les militaires des différentes armes ont reconnu la nécessité de posséder un traité d'escrime simple sur le fusil armé de la baïonnette , qui enseignât à l'infanterie les moyens de tirer tous les avantages possibles de l'instrument de guerre qui constitue sa principale force. Plusieurs essais ont été faits par MM. Muller et Pinette , tous deux ont publié , en revendiquant la priorité d'invention, une brochure sur cet objet ; mais l'application de leurs procédés n'a pas été tentée dans l'armée d'une manière simultanée, malgré les encouragements donnés par plusieurs ministres au dernier de ces auteurs.

1.

L'expérience prouve chaque jour l'utilité de ces exercices qu'on voudrait voir insérer dans la classification des ordonnances. Nos cavaliers, depuis plusieurs années, pratiquent l'escrime du sabre et de la lance, lorsque nos hommes à pied se bornent encore au seul mouvement défensif de croiser la baïonnette. Il semble que nos soldats d'infanterie ne sont destinés qu'à combattre continuellement en ligne et à ne fonctionner que par masses à la voix d'un seul homme ; on oublie que nos tirailleurs peuvent être appelés tous les jours, en Afrique surtout, à se mesurer corps à corps avec des fantassins, des cavaliers adroits et agiles ; quelle défense opposeront-ils à leurs coups si rapides, s'ils ne savent comment s'y prendre, quand la balle sur laquelle ils doivent compter *le plus*, viendra à manquer son but ?

Nos voisins du nord de l'Europe sont plus avancés que nous sous ce rapport; ils ont profité des loisirs de la paix pour mettre *partout* en vigueur l'escrime de la baïonnette. La méthode la plus estimée est celle adoptée par l'infanterie danoise. Un officier saxon a aussi publié un ouvrage dont les traductions ont servi de base à tous nos essais en ce genre.

Sans chercher à trouver des imperfections aux démonstrations antérieures, je me bornerai à rectifier ce que l'usage m'a présenté de défectueux et à ajouter ce que l'expérience m'a démontré nécessaire. L'adoption récente, pour les chasseurs à pied, du sabre-baïonnette, réclame aussi quelques changements dans l'ancienne escrime.

L'usage fera mieux apprécier ces exercices que mes faibles éloges.

Depuis la rédaction manuscrite de cet opuscule, il a été donné aux chasseurs d'Orléans une instruction qui comprend, dit-on, quelques détails sur l'escrime du fusil armé de la baïonnette ; ne l'ayant point lue, j'offre à mes camarades mes pensées telles qu'elles étaient en 1839, sans chercher à les modifier ; si elles ont quelque modeste mérite, ils en seront redevables au brave colonel Michel, du 29e de ligne, qui a bien voulu faire pratiquer ces exercices dans son régiment et accorder l'honneur tout particulier d'y porter un vif intérêt, en faisant publier lui-même ce petit ouvrage.

Qu'il en reçoive ici le témoignage de ma gratitude.

C. d'ARGY,

Capitaine au 70e régiment d'infanterie de ligne

ESCRIME DU FUSIL.

MANŒUVRES DES TIRAILLEURS.

Ces exercices, comme dans toutes les théories, se divisent en plusieurs séries distinctes : les uns sont élémentaires, les autres d'application.

PROGRESSION.

PREMIÈRE SÉRIE.

Art. 1. La prise des distances pour manœuvrer à l'aise.
Art. 2. Le pas modéré gymnastique sur place.
Art. 3. Le pas accéléré gymnastique sur place.
Art. 4. Le pas de course cadencé sur place.
Art. 5. Le pas de course appliqué aux manœuvres.
Art. 6. Marche de flanc et doublement des files.

DEUXIÈME SÉRIE.

Art. 1. La garde de tirailleur.
Art. 2. Les passes simples et composées.
Art. 3. Les à-droite et les à-gauche.
Art. 4. Les demi-tours à droite et les demi-tours à gauche.
Art. 5. Les doubles demi-tours.
Art. 6. Le pas de garde.

TROISIÈME SÉRIE.

Art. 1. Garde contre la cavalerie.
Art. 2. Garde contre l'infanterie.
Art. 3. Coups d'estoc en prime, tierce, quarte, coup lancé en avant.
Art. 4. Coups de taille à droite et à gauche.
Art. 5. Parades de corps en prime à droite, en prime à gauche, en tierce, en quarte et en quarte basse.
Art. 6. Parades de tête en avant, à droite, à gauche.

QUATRIÈME SÉRIE.

Art. 1. Parades combinées avec les coups.
Art. 2. Parades et coups combinés avec les mouvements de jambes.
Art. 3. Ruses de l'escrime.
Art. 4. Réunion en peloton pour le maniement d'armes.
Art. 5. Escrime de salle.
Art. 6. Conduite d'attaque ou de défense contre un fantassin, un cavalier, et de l'artillerie.

CINQUIÈME SÉRIE.

Art. 1. Port d'armes préliminaire pour la marche en bataille à la baïonnette.
Art. 2. Marche en bataille à la baïonnette.
Art. 3. Résistance à la baïonnette après avoir marché.
Art. 4. Croiser la baïonnette de pied ferme.
Art. 5. Déployer les tirailleurs de toutes les manières possibles (1).
Art. 6. Supplément à l'école des tirailleurs.

SIXIÈME SÉRIE.

Attaque d'une redoute.

(1) Cet article se trouve dans le deuxième volume des réglements sur les manœuvres de l'infanterie.

PREMIÈRE SÉRIE.

ARTICLE PREMIER.

LA PRISE DES DISTANCES POUR MANŒUVRER A L'AISE.

Chaque instructeur peut facilement instruire seize hommes à la fois, s'il a pour élèves des militaires qui ont déjà appris le maniement d'armes et les manœuvres de l'Ordonnance ; s'il avait affaire à des recrues, on devrait en diminuer le nombre de moitié. Les hommes à instruire seront placés sans armes sur un rang et coude à coude, dans une station régulière; on les fera numéroter de la droite à la gauche ; ces dispositions prises, l'instructeur commandera :

1. La droite fixe, vers la gauche prenez la grande distance.

2. MARCHE.

L'homme qui est à la droite ne bouge pas, tous les autres se dirigent vers la gauche par des pas bien longs qu'ils font de côté sans tourner le corps. Tous préparent leurs bras droits pour les étendre à hauteur des épaules, plaçant la main droite à plat sur l'épaule gauche du voisin qui est à droite. Lorsqu'on a le bras bien tendu et le corps droit, on s'arrête ; le mouvement continue ainsi jusqu'à ce que tous les élèves soient placés dans la même position. Le chef commande :

1. A droite — alignement.

2. FIXE.

A ce dernier commandement prononcé lorsque l'alignement est parfait, tous les élèves laissent tomber simultanément les bras droits le long des cuisses et les placent comme les bras gauches.

Nous recommandons aux instructeurs pour la démonstration de tous les mouvements individuels compris dans cette théorie, de se placer toujours dans le même sens que les élèves, c'est-à-dire de leur tourner le dos ou de se placer à côté d'eux pour enseigner l'action des bras , des jambes ou de l'arme ; ils seront toujours mieux compris , mieux imités , surtout lorsqu'il s'agira de décrire des cercles , des positions variées partant d'un point vers un autre.

Si le mouvement devait avoir lieu de la gauche à la droite , par suite de la disposition du terrain , on commanderait :

1. La gauche fixe , vers la droite prenez la grande distance.
2. MARCHE.

Dans ce cas l'élève de gauche ne bougerait pas , et la distance serait prise et marquée par le bras gauche. Si le mouvement devait avoir lieu à droite et à gauche , le chef désignera l'élève servant de base , il commanderait alors :

1. Tel numéro fixe , vers la droite et vers la gauche prenez la grande distance.
2. MARCHE.

Tous les hommes placés à la droite de cet élève se dirigeraient vers la droite, marquant la distance avec le bras gauche ; les élèves du côté gauche se porteraient à gauche étendant le bras droit. Ce mouvement est plus prompt que les deux autres et préférable. On habituera les hommes à s'aligner promptement du côté qu'on indiquera , et au commandement de fixe , ils porteront vivement les bras dans le rang. Pour remettre les hommes coude à coude , l'instructeur commandera :

1. Sur la file de *droite* , ou de *gauche* , ou du *centre* , resserrez vos intervalles.
2. MARCHE.

A ce dernier commandement, les élèves se dirigeront par des pas de côté vers la file désignée, jusqu'à ce qu'ils sentent le coude de leur voisin le plus rapproché de cette file.

ARTICLE II.

PAS MODÉRÉ GYMNASTIQUE SUR PLACE.

Les hommes étant espacés à la grande distance, l'instructeur commandera :

1. Pas modéré gymnastique sur place.
2. MARCHE.

Il expliquera d'abord la manière de faire ce pas qui consiste à bien élever la cuisse en fléchissant l'articulation de la hanche et de la cuisse, pour que la cuisse soit placée horizontalement et en fléchissant en même temps l'articulation du genou, afin que la jambe reste perpendiculaire, la pointe du pied en bas et en dehors ; en sorte que la cuisse forme un angle droit avec le corps, et la jambe un autre semblable avec la cuisse. L'explication donnée, on fait le mouvement pour que les élèves puissent mieux le comprendre. On prévient que l'on ne doit pas avancer ni perdre du terrain, que l'on doit faire toujours tomber les pieds où ils se trouvent.

Au commandement de *marche*, les élèves commenceront ensemble le mouvement du pied gauche, le continueront alternativement de l'un et l'autre pied, selon un rhythme de 76 flexions à la minute.

L'instructeur, jugeant après deux ou trois minutes, que les hommes commencent à se fatiguer, ou beaucoup plus tôt, si le mouvement s'exécute mal, commandera :

Peloton — HALTE.

Au dernier commandement qui sera fait au moment où l'un des deux pieds va poser à terre, les élèves achéveront le pas commencé, et porteront rapidement le pied qui est en l'air à côté de l'autre en frappant la terre avec énergie.

ARTICLE III.

PAS ACCÉLÉRÉ GYMNASTIQUE SUR PLACE.

L'instructeur commandera :

1. Pas accéléré gymnastique sur place.
2. MARCHE.

Cet exercice sera le même que le précédent, quant à la position, à l'action des jambes, à l'endroit où elles doivent se placer à terre, qui ne doit pas varier pour qu'on ne change pas de terrain ; mais on fera 200 pas par minute, pour préparer au pas de course qui suit. On fera cesser l'exercice par les mêmes commandements et moyens employés au numéro ci-dessus.

ARTICLE IV.

PAS DE COURSE CADENCÉ SUR PLACE.

L'instructeur commandera :

1. Pas de course cadencé sur place.
2. MARCHE.

Le mode de pratiquer cet exercice est le même que le précédent quant à la flexion des jambes, mais on a le soin de rester sur la pointe du pied qui se fixe à terre, sans y appuyer le talon, pour pouvoir relever l'autre jambe avec plus de promptitude. Le rhythme est aussi de 200 pas par minute ; cette division de temps conduit à l'intéressant résultat de faire une lieue en vingt minutes, sans se fatiguer extraordinairement et avec la plus grande précision.

Quelques hommes ont de la difficulté dans les commencements à bien exécuter ce mouvement sur place ; pour mieux le leur faire comprendre, l'instructeur fera une vingtaine de pas en courant lentement, et s'arrêtera subitement, en continuant à faire agir les jambes pour marquer le pas sur place ; si, malgré cette démonstration, quelque élève ne pouvait parvenir à l'imitation parfaite, on le ferait courir lui-même quelques pas et marquer le mouvement sur place. Pour faire cesser, l'instructeur commandera :

Peloton — *halte, halte.*

Je répète dans ce cas seulement, deux fois avec vivacité, le commandement de *halte,* pour arrêter plus promptement les hommes dont les deux pieds sont en l'air presque en même temps.

Les élèves, dans le commencement, ne savent souvent que faire de leurs bras ; on pourra leur donner une position commode en faisant fixer les mains sur les hanches, les longs doigts en avant, les pouces en arrière, les coudes fléchis ; à cet effet, avant de commencer les pas sur place, on commandera :

Mains sur les hanches.

A la fin des leçons on réunira tous les élèves d'une compagnie sur une seule ligne, et on fera rhythmer ces différents pas par un bon tambour ou clairon qu'on instruira à l'avance, et qui accompagnera avec son instrument les mouvements des élèves au commandement du chef.

Observations.

Les trois exercices précédents préparent les hommes au pas de course que nous allons décrire ; ils assouplissent toutes les articulations, fortifient les muscles des parties inférieures qui jouent un si grand rôle dans la locomotion ; leur description a été empruntée à l'excellent ouvrage de M. le colonel Amoros sur la gymnastique. Beaucoup d'auteurs militaires ont parlé de faire exécuter les manœuvres à la course ; mais aucun n'a indiqué les moyens d'exécuter le pas de course régulièrement, n'a déterminé bien exactement sa vitesse, sa longueur.

ARTICLE V.

Nous prendrons une petite fraction d'hommes pour exécuter en courant les manœuvres les plus simples qui fixeront le principe applicable à de plus grandes masses.

Je suppose nos 16 hommes sachant pratiquer les trois pas élémentaires, on les réunira coude à coude, l'instructeur commandera :

1. Peloton en avant, pas de course cadencé.
2. MARCHE.

Au premier commandement les élèves avancent le pied droit à trente-trois centimètres du gauche, inclinent un peu la partie supérieure du corps en avant, fléchissent très-peu les bras en envoyant les coudes en arrière et placent les mains, les poignets fermés et les doigts en dedans, à trois ou quatre pouces de la hanche, à la hauteur de la tête du fémur (os de la cuisse). On recommande de faire, lorsqu'on sera en marche, des petit mouvements avec les bras en avant et en arrière pour faciliter la progression, d'éviter les mouvements latéraux du corps, de bien fléchir les jambes en haut et en avant, de courir toujours alignés du côté du guide et de suivre la cadence de 200 mouvéments par minute, avec exactitude; le chef pourra la rhythmer par le commandement de *un*, *deux*, ou la faire indiquer par un tambour ou clairon bien exercé.

Quand tous les élèves seront bien placés et instruits de ce qu'ils doivent faire, le chef prononcera avec énergie le commandement de *marche*. A ce mot la jambe gauche se relève en fléchissant l'articulation du genou, le pied gauche est porté en avant à un mètre et fixé à terre, en appuyant seulement sur la partie antérieure de la plante du pied, la pointe un peu en dehors; le pied droit avance à son tour à un mètre du gauche, en suivant la cadence et les mêmes principes avec la plus grande exactitude; puis on continuera le même mouvement, en progressant toujours en avant jusqu'au commandement de *halte*, qu'on fera précéder de l'avertissement ordinaire de *peloton*.

Lorsque les élèves courront bien en bataille on pourra les faire courir par le flanc; à cet effet, on les espacera à la grande distance, on les mettra ensuite par le flanc gauche ou le flanc droit, on fera les commandements et recommandations préparatoires comme ci-dessus et on les mettra en marche par les mêmes moyens, les prévenant de bien couvrir leurs chefs de file et de conserver la grande distance entre chacun d'eux, afin d'avoir toujours l'espace nécessaire pour lever facilement les jambes en avant.

Lorsqu'on fera courir un peloton, un bataillon en bataille, tous les hommes seront coude à coude, mais les deuxième et troisième rangs devront avoir en avant d'eux l'espace nécessaire pour lever les jambes à angle droit; à cet effet, on fera préliminairement porter les derniers rangs en arrière à une longueur de bras. On commandera:

1. Premier rang fixe, second et troisième rangs, en arrière prenez la grande distance.
2. MARCHE.

Au commandement de *marche*, les deuxième et troisième rangs se porteront en arrière, en plaçant le bras qui n'est point armé, bien tendu, la main à plat et en avant sur la même épaule de leur chef de file; au commandement de *fixe*, tous les bras tomberont dans le rang.

Ces préparatifs terminés, le chef commandera:

1. Peloton ou bataillon en avant.
2. Pas de course cadencé.
3. MARCHE.

Au troisième commandement, tous les rangs partiront simultanément et bien alignés entr'eux.

ARTICLE VI.

MARCHE DE FLANC ET DOUBLEMENT DES FILES.

Lorsqu'un peloton ou bataillon sur deux ou trois rangs devra courir par le flanc, son chef s'assurera que les hommes soient bien numérotés dans chaque peloton de la droite à la gauche, ce qui étant fait il le mettra par le flanc *droit*, l'avertissant qu'il doublera les files chaque fois qu'on devra courir, et commandera ensuite :

1. Peloton ou bataillon en avant.
2. Pas de course cadencé.
3. MARCHE.

Au deuxième commandement les hommes du premier rang de files impaires ne bougeront pas ; les hommes du deuxième rang de ces files se porteront à environ 70 centimètres à droite ; les hommes du troisième rang des mêmes files appuyant aussi à environ 1 mètre 40 centimètres à droite ; les hommes des files paires s'intercaleront dans les files impaires de la manière suivante : L'homme du premier rang entre l'homme du premier et deuxième rang, l'homme du deuxième rang entre celui du deuxième et troisième rang, et enfin l'homme du troisième rang à la droite de l'homme de ce même rang, de manière à ce que le peloton soit sur six rangs ; bien entendu que si la formation première du peloton était sur deux rangs, il devra en occuper quatre.

Au commandement de *marche*, le peloton prendra le pas de course cadencé, les files auront soin de se tenir toujours bien alignées du côté du premier rang et de conserver la distance qu'elles occupaient avant le départ et après leur formation sur six rangs.

Pour arrêter le peloton ou le bataillon, le chef commandera :

1. Peloton ou bataillon.
2. *Halte.*
5. *Front.*

Au deuxième commandement, le peloton s'arrêtera sans qu'aucun homme bouge.

Au troisième commandement, tous les hommes feront front, se portant à leurs places de bataille, chaque rang reprenant la distance d'ordonnance.

Dans la marche par le flanc gauche, les files impaires se placeront à la gauche des files paires dont les deuxième et troisième rangs se porteront à gauche aux distances indiquées pour laisser l'espace nécessaire à l'intercalation des files impaires; il pourra se trouver que la gauche du peloton soit formée d'une file impaire, dans ce cas seulement, cette file se tiendra dans son ordre naturel, toutes les autres suivront les indications ci-dessus mentionnées.

On double ainsi les files afin de ne point perdre de distance en courant et posséder l'espace nécessaire aux flexions de jambes à angle droit.

Si le peloton était peu nombreux, ou que le terrain ne permît pas d'être sur six rangs, on ne doublera point les files, les hommes prendront en courant la distance nécessaire aux flexions des jambes; on les avertira dans tous les cas de ce qu'ils auront à faire, suivant les intentions du chef.

Lorsque les hommes seront armés, la manière la plus commode de porter le fusil en courant, est de le placer sur l'épaule droite et sur l'épaule gauche alternativement; on peut aussi prendre le port d'armes de sous-officier ou la position de descendre les armes en tenant l'arme à pleine main. Chaque fois que les circonstances le permettront, on devra mettre la baïonnette dans le fourreau.

Si l'on devait parcourir plusieurs lieues de suite, pour se porter promptement vers un point donné, il serait bon et prudent de faire prendre de temps à autre, de demi-lieue en demi-lieue, par exemple, et plus souvent s'il le fallait, le pas accéléré pendant une minute ou deux, afin de laisser aux hommes le temps de se raccorder et de se délasser un peu. Dans le pas de course, en route, on défendra tout cri, tout mouvement qui romprait la cadence.

Tous les mouvements de ligne peuvent s'exécuter à ce pas, si les hommes sont bien exercés ; nous enseignerons plus loin la manière d'aborder en courant, sans se désunir, une troupe à la baïonnette. Il est un autre pas de course que nous appelerons de *vélocité* ; celui-ci s'exécute le plus vite possible sans cadence, il ne convient qu'à des hommes isolés dans un cas pressant.

Lorsqu'on voudra seulement doubler les files, sans en faire l'application dans les manœuvres, l'instructeur commandera, après avoir mis le peloton par le flanc :

1. Doublez vos files.
2. Marche.

Exécuter alors ce qui a été expliqué ci-dessus.

DEUXIÈME SÉRIE.

Tous les mouvements de cette série ont pour but d'apprendre à l'élève la manière la plus prompte de se porter dans toutes les directions possibles et d'exercer, lorsqu'il est attaqué isolément, une surveillance active autour de sa personne.

ARTICLE I.

Les hommes étant espacés à la grande distance et dans la station régulière du soldat sans armes, l'instructeur commandera :

1. Garde du tirailleur.

che, les jambes tendues sans raideur, la partie droite du corps bien effacée.

Deuxième mouvement.

Porter le pied droit en arrière, la pointe ouverte, à environ 49 centimètres du talon gauche et à 5 centimètres de la ligne qui le prolongerait directement en arrière du pied gauche, diminuer sa taille en fléchissant l'articulation des deux genoux à un angle très-ouvert, le poids du corps placé également sur les deux jambes, les bras pendant naturellement.

On pourra faire mettre les mains sur les hanches pour tous les mouvements de cette deuxième série, car les hommes sont très-souvent embarrassés de leurs bras dans les différents exercices de jambes.

Lorsque l'instructeur voudra faire passer les élèves de la position de garde à la station ordinaire, il commandera :

1. Garde à vous.
2. Peloton.

Au deuxième commandement, rapporter le pied droit à côté du gauche dont la pointe s'ouvrira un peu.

ARTICLE II.

LES PASSES SIMPLES ET COMPOSÉES.

Passes simples.

Les hommes étant placés à la garde du tirailleur, et nous les supposerons ainsi pour les mouvements qui suivent dans cette série, l'instructeur commandera :

1. Passe en avant.
2. Marche.

Au dernier commandement, porter promptement le pied en avant à 49 centimètres du talon gauche, le talon et le pied droit placés toujours comme dans la garde, à 5 centimètres à droite de la ligne directe qui partirait en avant du pied gauche, l'articulation des deux genoux tendus sans raideur.

L'instructeur fera reprendre la garde en commandant :

Reprenez — *garde.*

A ce commandement, les élèves reporteront vivement le pied droit en arrière, dans la position de garde, l'articulation des genoux fléchie ; ce commandement servira pour faire reprendre la garde dans toutes les passes simples, son énonciation indique ce que les élèves doivent faire.

Passe en arrière.

L'instructeur commandera :

1. Passe en arrière.

2. MARCHE.

A ce commandement, porter le pied gauche en arrière à 49 centimètres du talon droit et à 5 centimètres à gauche de la ligne qui se prolongerait directement en arrière du pied droit, prenant en arrière la position qu'il occupait en avant, les articulations des genoux tendues sans raideur.

Passe à droite.

L'instructeur commandera :

1. Passe à droite.
2. MARCHE.

Au dernier commandement, porter promptement le pied droit à 40 centimètres vers la droite et toujours à la distance de 49 centimètres en arrière du talon gauche, l'articulation du genou gauche tendue, celle du droit fléchie, les pieds conservant les mêmes positions qu'étant en garde.

Passe à gauche.

L'instructeur commandera :

1. Passe à gauche.
2. MARCHE.

Au dernier commandement, porter le pied gauche à 40 centimètres vers la gauche, en le tenant toujours à 49 centimètres en avant du pied droit qui n'a point bougé, l'articulation du genou fléchie, celle du droit tendue.

Pour habituer les hommes à pratiquer ces passes promptement, on les fera exécuter sans décomposer, c'est à dire, qu'ils reprendront la garde d'eux-mêmes sans commandement, aussitôt le mouvement bien terminé ; elles servent de base élémentaire à l'exercice suivant. On aura soin de passer les pieds près du sol, sans le toucher, en faisant toutes ces passes.

Passes composées.

Ces passes servent à gagner promptement du terrain en avant ou en arrière, à droite ou à gauche, et sont composées d'une passe simple et d'une reprise de garde du même côté.

Les élèves étant en garde, et nous les mettrons ainsi pour tous les mouvements qui suivent, l'instructeur commandera :

1. Double passe en avant.
2. MARCHE.

Un temps, deux mouvements.

Premier mouvement.

Le premier mouvement s'exécute comme une passe simple en avant.

Deuxième mouvement.

Porter promptement le pied gauche en avant dans la position de garde.

Double passe en arrière.

L'instructeur commandera :

1. Double passe en arrière.
2. MARCHE.

Un temps, deux mouvements.

Premier mouvement.

Comme une passe simple en arrière.

Deuxième mouvement.

Tomber en garde en arrière du pied droit.

Double passe à droite.

L'instructeur commandera :

1. Double passe à droite.
2. MARCHE.

Un temps, deux mouvements.

Premier mouvement.

Comme une passe simple à droite.

Deuxième mouvement.

Porter le pied gauche à droite à 49 centimètres en avant du droit et dans la position de garde régulière.

Double passe à gauche.

L'instructeur commandera :

1. Double passe à gauche.
2. MARCHE.

Un temps, deux mouvements.

Premier mouvement.

Comme une passe simple à gauche.

Deuxième mouvement.

Porter le pied droite à gauche dans la position de garde et à 49 centimètres en arrière du talon gauche.

On apprendra ces passes en les décomposant, l'instructeur fera le commandement de *deux* pour l'achèvement du deuxième mouvement; lorsque les élèves les comprendront bien, on les exécutera en un seul temps sans s'arrêter.

ARTICLE III.

LES A DROITE ET LES A GAUCHE.

Les élèves étant en garde de tirailleurs, l'instructeur pour faire exécuter les à-droite, commandera :

1. Face à droite.
2. PELOTON — *à droite.*

Au dernier commandement, avancer l'épaule gauche, tourner le corps à droite en pivotant sur le talon gauche, de manière à décrire, avec la pointe de ce pied, le quart d'un cercle de gauche à droite ; le pied droit suit le mouvement en se détachant du sol et se replace dans la position de garde, lorsque le pied gauche a terminé son mouvement de rotation.

L'instructeur fera exécuter les à-gauche, en commandant :

1. Face à gauche.
2. PELOTON — *à gauche.*

Au dernier commandement, avancer l'épaule droite, tourner le corps à gauche en pivotant sur le talon gauche, de manière à décrire comme ci-dessous le quart d'un cercle de droite à gauche, la jambe droite suit le mouvement et se replace dans la position de garde. Tout le poids du corps gravitera sur le talon gauche dans ces divers mouvements.

ARTICLE IV.

LES DEMI TOURS A DROITE ET LES DEMI TOURS A GAUCHE.

Le demi tour à droite.

Les élèves étant en garde, l'instructeur commandera :

1. Face en arrière à droite.
2. *Demi tour — à droite.*

Au deuxième commandement, exécuter tout ce qui a été prescrit pour les à-droite, avec la différence que la pointe du pied gauche décrit un demi-cercle de gauche à droite, au lieu d'un quart, de manière à ce que les hommes, lorsque le mouvement est achevé, aient le dos à la place qu'occupait leur poitrine.

Le demi tour à gauche.

L'instructeur commandera :

1. Face en arrière à gauche.
2. *Demi tour — à gauche.*

Exécuter ce qui a été prescrit au demi tour à droite, en donnant l'impulsion au corps vers la gauche, et selon les principes expliqués au mouvement des à-gauche.

On aura soin que la position de garde soit bien conservée; dans tous ces mouvements, ou la rectifiera souvent.

ARTICLE V.

LES DOUBLES DEMI-TOURS.

Ce mouvement sert à gagner du terrain en arrière, en se gardant de tous côtés, il est composé d'un demi-tour

Double demi-tour à droite.

Les élèves étant en garde, l'instructeur commandera :

1. Double demi-tour à droite.
2. Marche.

Un temps, deux mouvements.

Premier mouvement.

Au deuxième commandement, avancer l'épaule gauche, donner une impulsion au corps vers la droite, en pivotant et portant tout le poids du corps sur le talon du pied droit, dont la pointe décrira un demi-cercle de gauche à droite ; le pied gauche quittant le sol, suivra le mouvement du corps et se placera en avant du droit dans la position de garde.

Deuxième mouvement.

Exécuter un demi-tour à droite en pivotant sur le talon gauche, comme il a été expliqué à l'article des demi-tours.

Double demi-tour à gauche.

L'instructeur commandera :

1. Double demi-tour à gauche.
2. Marche.

Un temps, deux mouvements.

Premier mouevment.

Au deuxième commandement, avancer l'épaule droite, donner une impulsion au corps vers la gauche en pivotant sur le talon du pied droit, exécuter dans cette direction le demi-tour complet, et tomber en garde du pied gauche.

Deuxième mouvement.

Exécuter un demi-tour à gauche en pivotant sur le talon gauche selon les principes.

2

On aura soin de bien marquer ces deux mouvements dans leur exécution, et de conserver toujours un grand aplomb du corps, ce qui ne s'obtient qu'en précisant bien chaque demi-tour.

ARTICLE VI.

PAS DE GARDE.

Ce pas sert à s'approcher ou à s'éloigner avec prudence d'un adversaire dont on ne connaît pas le jeu, la force ou les intentions. On peut en faire exécuter plusieurs de suite, mais dans le commencement, on se borne à n'en pratiquer qu'un seul à la fois.

L'instructeur commandera :

1. Un pas de garde en avant.
2. MARCHE.

Au dernier commandement, porter vivement le pied gauche à environ 14 centimètres en avant ; le pied droit, dès que le pied gauche est fixé, regagne cette distance en se plaçant lui-même en avant de 14 centimètres, sans rien déranger de la position du corps et des articulations, de manière à être régulièrement en garde.

L'instructeur, pour faire exécuter le pas de garde en arrière, commandera :

1. Un pas de garde en arrière.
2. MARCHE.

Au deuxième commandement, porter le pied droit en arrière, à environ 14 centimètres ; le gauche, dès que le droit est fixé se reporte en arrière pour regagner sa distance en position de garde. Ce pas est connu en escrime sous le nom de *marche à l'épée*. On veillera à ce que les élèves marchent bien devant eux sans se croiser.

TROISIÈME SÉRIE.

Les hommes alignés sur un rang seront placés au port d'armes de sous-officier et espacés à la grande distance pour les cinq premiers articles de cette série.

ARTICLE PREMIER.

GARDE CONTRE LA CAVALERIE.

L'instructeur commandera :

1. Contre cavalerie ,
2. *Assurez* — ARMES.

Un temps, deux mouvements.

Premier mouvement.

Détacher un peu l'arme de l'épaule en la maintenant en équilibre dans la main droite; placer les pieds exactement comme il est indiqué au premier mouvement de la garde de tirailleur, article premier de la deuxième série.

Deuxième mouvement.

Porter le pied droit en arrière comme il est expliqué au deuxième mouvement de la garde de tirailleur, laisser tomber l'arme dans la main gauche qui la saisira un peu en avant de la capucine, le canon en dessus, empoigner en même temps l'arme au-dessous de la sous-garde avec la main droite, qui viendra s'appuyer contre la hanche; la pointe de la baïonnette à hauteur de l'œil.

ARTICLE II.

GARDE CONTRE L'INFANTERIE.

L'instructeur commandera :

1. Contre infanterie ,
2. *Assurez* — ARMES.

Un temps, deux mouvements.

Premier mouvement.

Comme le premier mouvement de la garde contre la cavalerie.

Deuxième mouvement.

Le même que le deuxième mouvement de la garde contre la cavalerie, quant aux jambes; mais la main gauche après avoir saisi l'arme un peu en avant de la capucine, se portera vivement sur le milieu de la cuisse gauche, le dos de la main touchant cette cuisse; la main droite qui a saisi l'arme à la poignée sera appuyée à l'articulation supérieure de la cuisse droite, la platine du fusil tournée en dessus, la tête du chien touchant l'abdomen, le bout du canon bien incliné à gauche, la pointe de la baïonnette à environ 33 centimètres de terre.

Lorsqu'étant dans l'une ou l'autre de ces gardes, l'instructeur voudra faire porter les armes, il commandera:

Portez — ARMES.

Un temps, deux mouvements.

Premier mouvement.

Rapporter le pied droit à côté du gauche, redresser l'arme avec la main gauche, de manière à l'appuyer à l'épaule droite en position du port d'armes de sous-officier.

Deuxième mouvement.

Laisser tomber la main gauche dans le rang.

Si les hommes étaient au port d'armes de soldat, le premier mouvement pour ces gardes, quant à l'arme, s'exécuterait selon les principes expliqués au mouvement de croiser la baïonnette, insérés dans les ordonnances.

ARTICLE III.

COUPS D'ESTOC.

La classification des coups qui vont être décrits nous instruit à l'avance que c'est la pointe de l'arme qui va jouer le principal rôle dans ces divers mouvements, ils se composent tous de coups droits portés en avant avec vivacité, de l'une ou des deux mains placées dans diverses attitudes.

Nous placerons pour ces différents coups les élèves dans la position de garde contre la cavalerie qui est celle que l'on prend naturellement lorsque deux adversaires ont croisé le fer.

Coup de prime.

L'instructeur commandera :

En prime, *pointez* — ARMES.

Au dernier commandement, pousser vivement l'arme en avant, en dirigeant la pointe de la baïonnette vers la poitrine d'un adversaire supposé, le bras gauche allongé, le pouce de la main gauche le long du bois, l'articulation du coude droit un peu fléchie, le fusil tourné la baguette en dessus, le canon vers la terre, la crosse à 16 centimètres environ au-dessus et à droite du sommet de la tête, l'articulation du genou gauche fléchie, celle du droit tendue avec vitesse dès qu'on porte le coup, les yeux toujours fixés sur la pointe de la baïonnette pour la diriger vers le but qu'on veut atteindre. Le mouvement de tension de la jambe droite se fera pour tous les coups de prime, tierce et quarte.

Nous conseillons de démontrer ces exercices individuellement, homme par homme, en passant devant le rang, avant de les faire exécuter simultanément à la voix, on perdra un peu de temps que l'on regagnera bien vite.

Pour faire reprendre la position de garde, l'instructeur commandera :

Assurez — ARMES.

À ce commandement, les élèves reprendront vivement la garde qu'ils occupaient avant le coup. Lorsque les hommes seront habiles, ils reprendront d'eux-mêmes la position de garde, sans commandement, on aura le soin de les avertir que les coups se porteront sans les décomposer, on pourra les rhythmer par les commandements: *un et deux*.

Coup de tierce.

L'instructeur commandera :

En tierce, *pointez* — ARMES.

Au dernier commandement, porter vivement l'arme en avant, en allongeant le bras gauche, dirigeant la pointe de la baïonnette à hauteur de poitrine d'homme, la baguette en dessus, le canon vers la terre, le coude droit ployé et collé au corps, les longs doigts de la main droite placés sur l'écusson du fusil, la crosse touchant l'articulation du coude, son plat extérieur appuyant au teton droit, l'arme doit tourner un peu dans la main gauche, dont le pouce s'allongera le long du bois. La position du poignet droit est un peu gênée, mais les hommes s'y habituent promptement.

Coup de quarte.

L'instructeur commandera :

En quarte, *pointez* — ARMES.

Au dernier commandement, allonger le bras gauche de toute sa longueur, diriger la pointe de la baïonnette à hauteur de poitrine d'homme, placer l'arme avec la main droite sous le bras gauche et le touchant, la baguette à gauche du corps, la platine vers la terre, la crosse sous l'épaule gauche, de sorte que le bras gauche couvre le fusil depuis la capucine jusqu'à la plaque de couche, l'avant-bras droit devant la poitrine, le coude au corps et la main tenant légèrement le fusil au bas de la poignée.

Coup lancé en avant

L'instructeur commandera :

En avant, *lancez* — ARMES.

Au dernier commandement, pousser avec une grande vitesse et énergie, de la main droite seulement, l'arme en avant, la pointe de la baïonnette dirigée à hauteur de poitrine d'homme, le bras gauche restant dans sa position, la main gauche ouverte et prête à recevoir l'arme, la platine tournée en dessus, la baguette à droite du corps, le plat extérieur de la crosse touchant le dessous de l'avant-bras droit qui sera tendu dans toute sa longueur, la pointe de la baïonnette étant arrivée vers le point sur lequel on la dirigeait, retirer aussitôt l'arme en arrière avec la même vitesse, la même énergie; reprendre la garde en saisissant l'arme à deux mains. Dans cette position, pour éviter de perdre l'équilibre par la forte impulsion qui est donnée à l'arme, les élèves devront se tenir d'aplomb sur les deux jambes fléchies comme il est indiqué à la garde de tirailleur.

Ce coup lancé est le meilleur de tous ceux décrits ci-dessus et le plus usité, on peut atteindre à près de trois mètres de distance.

ARTICLE IV.

COUPS DE TAILLE.

L'appellation seule de ces coups nous dit qu'il s'agit de se servir d'une arme tranchante; le sabre-baïonnette des chasseurs d'Orléans nous présente le cas où on peut en faire usage.

Coup de taille à droite vers la tête.

L'instructeur commandera :

Tête à droite, *sabrez* — ARMES.

Allonger le bras gauche comme si l'on portait un coup de pointe, diriger l'arme un peu à droite vers la joue gauche de l'adversaire, dès que le sabre est arrivé à hauteur et à 16 centimètres environ de l'oreille gauche, retirer vivement l'arme vers la gauche en sciant et appuyant fortement de droite à gauche de manière à ce que le tranchant sillonne la face de son antagoniste, depuis l'œil gauche jusqu'au bas du menton.

Coup de taille à gauche vers la tête.

L'instructeur commandera:

Tête à gauche, *sabrez* — ARMES.

Répéter en sens inverse tout ce que nous venons d'expliquer pour le coup précédent, en dirigeant le tranchant du sabre de gauche à droite sur la joue droite de l'adversaire.

Ces deux coups serviront de principe dans les applications pour tous les cas où l'on voudra se servir du tranchant de la baïonnette qui ne peut avoir d'action que sur les parties du corps qui sont privées de vêtement; un coup que je crois très-avantageux est celui qu'on porterait avec le tranchant du sabre sur les doigts de son adversaire, surtout s'il n'est armé que d'une baïonnette à pointe, un seul coup bien ajusté le désarmerait immédiatement; il est connu dans l'escrime du sabre sous le nom de *coup de manchette.*

Il faudra pratiquer tous ces mouvements à jeu serré, sans trop se déranger de la position de garde; sans cela, on donnerait de grandes chances de succès aux ripostes.

On pourra se dispenser de mettre la baïonnette au canon pour apprendre la position de l'arme, des membres et du corps, dans tous ces coups; on a remarqué que les tenons du canon se détérioraient promptement lorsque le fusil était constamment armé de la baïonnette.

ARTICLE V.

PARADES DE CORPS.

Les mouvements qui suivent servent à parer les différents coups d'estoc ou de taille qui seraient portés en avant, à droite ou à gauche du corps; les hommes seront placés à la garde de cavalerie et espacés à la grande distance.

Parade de prime à droite.

L'instructeur commandera :

En prime à droite, *parez* — ARMES.

Au dernier commandement, abaisser vivement l'extrémité de l'arme un peu vers la gauche du corps; le bout de la baïonnette à environ 50 centimètres de terre, le canon tourné en dessous, la baguette en dessus; décrire dans le vide, sans s'arrêter, un demi cercle de gauche à droite, avec la pointe de la baïonnette pour rejeter vigoureusement vers la droite toute arme offensive qui se présenterait vers la poitrine ou l'abdomen; l'articulation du bras gauche ployée à peu près à angle droit, le coude un peu détaché du corps, le poignet gauche vers le milieu de la poitrine, le canon du fusil tenu solidement avec le pouce et le doigt indicateur fermé ainsi que les autres doigts, et à 16 centimètres environ sur la droite; la main droite à hauteur du sommet de la tête, le coude droit en l'air à hauteur de l'oreille, les longs doigts allongés sur l'écusson, le pouce en dessous, la partie externe de la crosse un peu tournée en avant, les yeux fixés sur la baïonnette dont la pointe sera à un mètre environ en avant du corps et à 16 centimètres sur la droite.

Dans ce mouvement et les suivants, on reprendra la garde de cavalerie au commandement de :

Assurez — ARMES.

Lorsque les hommes seront très-habiles, ils exécuteront la parade et reprendront la position de garde sans commandement, on pourra rhythmer ces deux mouvements par le commandement *un* et *deux*.

Parade de prime à gauche.

L'instructeur commandera :

En prime à gauche, *parez* — ARMES.

Au deuxième commandement, descendre vivement

l'extrémité de l'arme un peu vers la droite du corps, le bout de la baïonnette à environ 50 centimètres de terre, le canon tourné en dessous, la baguette en dessus, décrire rapidement dans le vide un demi cercle de droite à gauche avec la pointe de la baïonnette pour repousser vigoureusement vers la gauche toute arme offensive qui serait dirigée vers la poitrine ou l'abdomen, le coude gauche au corps, l'avant-bras gauche formant un angle droit avec le bras, le canon du fusil tenu fortement avec le pouce de la main gauche, les doigts fermés, la main droite à 16 centimètres vis-à-vis le front et à hauteur du sommet de la tête, le coude en l'air, la partie interne de la crosse un peu tournée en avant, la plaque de couche en l'air, les yeux fixés sur la baïonnette dont la pointe sera à 16 centimètres environ en avant et à gauche de la cuisse gauche.

Parade de tierce.

L'instructeur commandera :

En tierce, *parez* — Armes.

Au dernier commandement, diriger vivement la baïonnette à 10 centimètres environ vers la droite du corps, pour rejeter de ce côté toute arme offensive, la pointe maintenue toujours à hauteur de l'œil ; le mouvement ne s'exécutant que par l'impulsion de la main gauche, les coudes resteront au corps, les yeux fixés sur la baïonnette.

Parade de quarte.

L'instructeur commandera :

En quatre, *parez* — Armes.

Au dernier commandement, diriger vivement et avec énergie l'arme vers la gauche du corps, en la redressant de manière à ce que sa partie supérieure touche presque l'épaule gauche, le bout du canon incliné à gauche, la platine tournée presque entièrement en avant, la main gauche placée sur la poitrine au-dessus du teton gauche, le coude en arrière et au corps, la main droite placée sur le bas-ventre, le coude droit au corps.

Parade de quarte basse.

L'instructeur commandera :

Quarte basse, *parez* — ARMES.

Fléchir vivement sur les deux jambes pour se rapprocher de terre, redresser l'arme verticalement, la baguette en avant, la pointe de la baïonnette en l'air, passer rapidement de droite à gauche la crosse du fusil près de terre devant la jambe gauche, en donnant l'impulsion des deux mains, dont la droite surtout dirigera la crosse de manière à détourner vigoureusement à gauche un coup d'estoc qui menacerait cette jambe, reprendre de soi-même, sans commandement, la garde aussi promptement qu'on l'a quittée.

Cette dernière parade ne peut servir qu'à défendre la jambe gauche qui serait menacée d'un coup de lance ou de baïonnette porté très-bas, elle serait plus rapidement exécutée qu'aucune autre dans cette circonstance.

ARTICLE VI.

PARADES DE TÊTE.

Ces parades, très-simples, et que tout homme pratique naturellement, s'il est armé d'un bâton, lorsqu'on menace son visage, serviront à nous préserver exclusivement des coups de sabre portés verticalement sur la tête, les épaules ou la poitrine.

Pour exécuter librement ces mouvements, on espacera les hommes à la distance de trois pas entre chacun d'eux.

Parade de tête en avant.

L'instructeur commandera :

En tête, en avant, *parez* — ARMES.

Au dernier commandement, élever vivement les deux bras en l'air, à 16 centimètres en avant et au-dessus du sommet de la tête, le fusil placé horizontalement, la pointe de la baïonnette à gauche, la plaque de couche à droite, le canon vers la terre, la baguette en l'air, la contre-platine en avant, la main gauche tenant le canon un peu en avant de la capucine avec le pouce et les doigts ployés, afin de les préserver du tranchant du sabre qui peut frapper sur la baguette, la main droite à la poignée, les yeux fixés sur l'arme entre les deux mains.

Parade de tête à droite.

L'instructeur commandera :

En tête, à droite, *parez* — ARMES.

Au dernier commandement, élever rapidement, et perpendiculairement à la ligne de bataille, l'arme à 16 centimètres à droite et au-dessus du sommet de la tête, la pointe de la baïonnette en avant, la plaque de couche en arrière et sur le même plan que la baïonnette, la baguette en dessus, le canon en dessous, le haut du corps et la tête tournés à droite, les bras et les mains placés à droite à peu près dans la même position qu'à l'exercice précédent; les jambes ne bougent pas, les yeux fixés sur l'arme entre les deux mains.

Parade de tête à gauche.

L'instructeur commandera :

En tête, à gauche, *parez* — ARMES.

Au dernier commandement, tourner rapidement le haut du corps à gauche en élevant le talon du pied droit, dont la pointe restera au sol et fera un mouvement de rotation de droite à gauche pour aider le corps à faire face du côté menacé, porter l'arme en l'air comme il a été expliqué dans la parade de tête en avant, de manière à garantir, cette fois, la gauche du corps, la pointe de la baïonnette en arrière, la plaque de couche en avant de la ligne de bataille, le genou gauche fléchi, le droit presque tendu, les yeux fixés sur l'arme entre les deux mains. Cette position est un peu gênante pour les membres inférieurs ; on évitera d'y tenir longtemps les élèves.

QUATRIÈME SÉRIE.

COMBINAISONS DE COUPS ET PARADES.

Les exercices compris dans les deux premiers articles ne sont que la répétition de ceux de la deuxième et troisième série combinés entr'eux, de manière à apprendre aux hommes à se porter dans toutes les directions possibles en pratiquant divers coups et parades ; les démonstrations qui les suivent traitent de la manière d'appliquer les principes de l'escrime.

Les hommes seront sur un rang, à la distance de trois pas entr'eux, et dans la garde de cavalerie.

ARTICLE I.

PARADES COMBINÉES AVEC LES COUPS. (EN TERME D'ESCRIME, RIPOSTES).

Premier exemple.

L'instructeur commandera :

En prime, à droite (ou bien à gauche) *parez et pointez* — ARMES.

Exécuter une parade de prime à droite ou à gauche, selon l'indication, avec dextérité, et pointer en prime en avant, reprendre la garde de cavalerie dès que le mouvement est achevé.

Quelques maîtres d'escrime conseillent, dans ce cas, de reprendre la parade de prime, mais c'est une erreur, l'adversaire peut avoir pris lui-même une défense et porter un coup qui ne nécessite plus le même moyen de préservation contre ses attaques ; dans les combats singuliers on se conformera, pour cela, aux mouvements de son adversaire.

Deuxième exemple.

L'instructeur commandera :

En tierce, *parez et pointez* — Armes.

Exécuter la parade de tierce et pointer dans le mode indiqué en tierce, reprendre la garde une fois pour toutes.

Troisième exemple.

L'instructeur commandera :

En quarte, *parez et pointez* — Armes.

Exécutez une parade et un coup de quarte.

Quatrième exemple.

L'instructeur commandera :

En tierce, *parez*, en avant, *lancez* — Armes.

Exécuter la parade de tierce et lancer l'arme de la main droite avec vivacité et énergie.

Le coup lancé peut se combiner avec d'autres parades ; ces quatre exemples suffiront de règle pour les différents cas.

Il est une parade dont nous n'avons point parlé, c'est celle des *contre*, il en sera question à l'article d'escrime d'application, parce qu'il faut avoir un adversaire devant soi pour bien les comprendre et les exécuter.

ARTICLE II.

PARADES ET COUPS COMBINÉS AVEC LES MOUVEMENTS DE JAMBES.

Maniement d'armes avec les doubles passes.

Nous omettons la combinaison des parades et des coups dans les passes simples, parce que rarement on trouve le cas d'en faire l'application, qui peut être dangereuse en ce que les hommes sont peu solides sur leurs jambes dans cette position et risquent d'être culbutés par un adversaire dans un coup de riposte. La passe simple ne doit être regardée que comme élément d'exécution des doubles passes.

Pour éviter les répétitions, nous allons placer les divers commandements à la suite de chaque mot *exemple*.

Les hommes seront à la garde de cavalerie.

Premier exemple.

1. En tierce et en quarte, *parez, double passe en avant.*
2. MARCHE.

Au commandement de *marche*, exécuter d'abord les deux parades, conservant la position de la dernière, se porter ensuite en avant par une double passe, ce qui étant fait, l'instructeur commandera: *Assurez — Armes*, et fera porter un coup lancé.

Nous faisons rester sur la dernière parade pour apprendre aux hommes à bien les marquer et afin de les rectifier après chaque mouvement; mais lorsqu'ils seront très-habiles, ils exécuteront les parades désignées sans s'arrêter sur aucune, faisant le mouvement des jambes d'abord, et plaçant ensuite l'arme dans la position de garde, ils s'arrêteront seulement sur la dernière parade jusqu'à ce que le mouvement des jambes soit terminé; il en sera de même s'il n'exécutaient qu'une seule parade.

Deuxième exemple.

1. En quarte, *parez*, *double passe en arrière.*
2. MARCHE.

Exécuter la parade de quarte au commandement de *marche* et se porter en arrière en conservant la parade jusqu'au commandement d'*assurez — Armes*; l'instructeur fera porter ensuite un coup de pointe en quarte.

Troisième exemple.

1. En prime à gauche *parez*, *double passe à droite.*
2. MARCHE.

Exécuter la parade en prime à gauche et faire une double passe à droite, reprendre la garde au commandement d'*assurez — Armes*, de l'instructeur qui pourra faire porter un coup de prime.

Quatrième exemple.

1. En tierce, *parez*, *double passe à gauche.*
2. MARCHE.

Exécuter la parade de tierce et la double passe à gauche; au commandement d'*assurez — Armes*, reprendre la garde et porter le coup que l'instructeur désignera.

MANIEMENT D'ARMES AVEC LES A-DROITE ET LES A-GAUCHE.

Premier exemple.

1. En tierce, *parez*, *face à droite.*
2. Peloton — A DROITE.

Au commandement de *à droite*, exécuter la parade de tierce d'abord, et faire face à droite, l'instructeur fera assurer l'arme et pointer en prime.

Deuxième exemple.

1. En quarte, *parez*, *face à gauche.*
2. Peloton — A GAUCHE.

Au commnadement de *à gauche*, exécuter la parade de quarte et faire face à gauche, l'instructeur fera assurer l'arme et pointer en quarte.

MANIEMENT D'ARMES AVEC LES DEMI-TOURS.

Premier exemple.

1. En prime à droite, *parez*, *face en arrière à droite.*
2. Demi-tour — A DROITE.

Au commandement de *à droite*, exécuter la parade et faire face en arrière à droite ; l'instructeur ayant fait assurer l'arme fera porter un coup lancé.

Deuxième exemple.

1. En prime à gauche, *parez, face en arrière à gauche.*
2. Demi-tour — A GAUCHE.

Exécuter la parade et le demi-tour selon les principes; ayant fait assurer l'arme, l'instructeur fera porter un coup quelconque.

MANIEMENT D'ARMES AVEC LES DOUBLES DEMI-TOURS.

Premier exemple.

1. En tête en avant, *parez*, *double demi-tour à droite.*
2. MARCHE.

Au commandement de *marche*, exécuter la parade et le double demi-tour ensuite, assurer l'arme au commandement de l'instructeur et porter le coup qu'il désignera.

Deuxième exemple.

1. En prime à gauche, *parez*, *double demi-tour à gauche.*
2. MARCHE.

Exécuter comme ci-dessus la parade et le mouvement

des jambes, assurer l'arme et porter un coup à la voix de l'instructeur.

La combinaison des parades avec le pas de garde n'étant que la répétition des exemples précédents, nous laissons à l'instructeur la liberté du choix.

Ce petit nombre d'exemples suffira pour les instructeurs qui pourront compliquer les combinaisons, mais il faut cependant éviter de fatiguer les hommes par une trop grande attention, ils finiraient par ne plus rien comprendre et à ne faire que de mauvais exercices.

ARTICLE III.

RUSES DE L'ESCRIME.

Lorsque les élèves exécuteront bien tous les mouvements décrits dans les articles précédents, l'instructeur passera devant chaque homme, ou le fera sortir du rang alternativement, l'armera d'un fusil de bois (dont la description sera donnée plus bas) afin de ne pas dégrader les armes ; il se mettra en garde vis-à-vis de lui, avec un fusil semblable, et lui enseignera les engagements, les dégagements, les feintes, les parades de contre et les positions de désarmement.

Des engagements.

Les engagements consistent, étant dans la garde de cavalerie, à joindre sa baïonnette à celle de son adversaire ; si en la joignant, l'arme de l'antagoniste se trouve à droite de notre corps, l'on est engagé en tierce, si, au contraire, elle se trouve à gauche, on est engagé en quarte. Nous supposons la main droite agissant isolément et ne réclamant l'usage de la gauche que comme supplément de force. De cette manière, les militaires qui connaissent les règles de l'escrime à l'épée, s'y reconnaîtront de suite.

L'instructeur fera engager l'arme de l'élève en quarte et en tierce alternativement, en se servant du commandement : *Engagez — Armes*, précédé de quarte ou tierce.

Des dégagements.

L'élève étant engagé en quarte ou en tierce, l'instructeur commandera :

Dégagez — Armes.

A ce commandement, fait à voix peu étendue pour ne pas fatiguer l'instructeur, passer la pointe de la baïonnette en dessous de celle de l'adversaire, pour le frapper de quarte en tierce ou de tierce en quarte, en opposant son arme à celle de son antagoniste. Il y a une autre manière de dégager, qui consiste à passer son arme par dessus celle de son adversaire ; on désigne ce dégagement dans l'escrime à l'épée sous le nom de *coupé*.

Des feintes.

Les feintes se font pour engager l'adversaire à parer du côté opposé à celui où l'on a l'intention de diriger ses coups ; c'est un dégagement simulé qu'on ne termine point ; ainsi, je suppose l'élève engagé en quarte ; il passera vivement sa baïonnette par dessous celle de son adversaire, l'engagera en tierce d'environ 8 centimètres et reviendra vivement porter un coup en quarte, il en sera de même par inversion s'il est engagé en tierce. Tous ces mouvements se font par la seule impulsion des mains sans déranger le corps ; on appelle aussi ce mouvement *marquer un*, *deux*.

DES PARADES DE CONTRE.

Du contre de tierce.

L'élève étant engagé en tierce, l'instructeur dégagera son arme en quarte, le mouvement étant bien déterminé, l'élève abaissera vivement la pointe de la baïonnette, la passera de droite à gauche sous celle de son adversaire et la repoussera légèrement de gauche à droite en relevant un peu la pointe de sa baïonnette.

Du contre de quarte.

L'élève étant engagé en quarte, l'instructeur dégagera son arme en tierce, le mouvement étant bien marqué, l'élève abaissera vivement la pointe de sa baïonnette, la passera de gauche à droite sans toucher celle de son adversaire et la repoussera légèrement de droite à gauche en relevant la pointe de la baïonnette.

Ces parades de contre sont très-utiles en ce qu'elles assurent la rencontre de l'arme adverse dans tous les cas de feinte ou de coups droits, il faut qu'elles soient faites rapidement.

Du désarmement.

Il n'y a qu'un cas où l'on puisse tenter ce moyen comme chance de salut, c'est celui où la pointe de la baïonnette viendrait à se briser ou la lame à se fausser tellement que l'on ne pourrait plus diriger aucun coup. Il y a deux modes, le premier, c'est de chercher à saisir avec les mains la baïonnette, si elle n'a pas de tranchant, ou le canon de son adversaire après une parade où il se serait fortement engagé, et à lutter avec lui pour la lui arracher; dans ce cas, il faut être sûr qu'on est doué d'une force de de corps et d'une agilité supérieure à la sienne.

Le second consiste à faire glisser avec vivacité la branche de la baïonnette contre la branche de la baïonnette adverse, en donnant une vigoureuse impulsion de droite à gauche vers la terre; si vous réussissez, l'arme de votre antagoniste ira toucher le sol et sera maintenue par la vôtre sans qu'elle puisse se dégager; c'est alors qu'il faut être prompt à placer l'un des pieds sur l'extrémité du fusil de votre ennemi; vous relevez promptement votre arme, et sa poitrine est entièrement exposée à tous vos coups.

ARTICLE IV.

RÉUNION EN PELOTON POUR LE MANIEMENT D'ARMES ET LES DIFFÉRENTS MOUVEMENTS DE JAMBES.

Tous les exercices que nous venons de décrire peuvent

être appris très-facilement en une douzaine de leçons, de deux heures, si les hommes qu'on a à instruire savent déjà pratiquer les mouvements exigés à l'école de soldat et de peloton,

Quand les instructeurs auront passé les trois premières séries et que les hommes les exécuteront bien, l'officier chargé des details de l'enseignement formera à la fin de chaque séance un peloton de la force d'une compagnie, s'il a assez de monde; il placera un chef de peloton, des serre-files, selon les ordonnances d'organisation de l'arme d'infanterie à laquelle il appartient; ce peloton étant bien aligné et numéroté de la droite à la gauche, il fera ouvrir les rangs en arrière, à six pas de distance, ce qui étant exécuté, il fera déployer dans chaque rang en tirailleurs à trois pas sur la file de droite ou la file de gauche ou sur le centre, suivant le terrain, les hommes ayant le soin de bien s'aligner en prenant les espaces. Le mouvement étant terminé, le chef instructeur fera prendre la garde de cavalerie et exécuter tous les exercices de la deuxième série et fera ensuite reposer sur les armes; c'est une attention qu'il doit avoir souvent, car les hommes éprouvent beaucoup de fatigue dans les membres supérieurs et dans les poignets surtout. Ayant repris le port d'armes de sous-officier, il fera exécuter tous les exercices de la troisième série, ayant le soin de faire de fréquents petits repos; les jours suivants, il fera exécuter les deux premiers articles de la quatrième série; il se bornera à ces seuls exercices repétés en masse, les autres feront partie de l'escrime de salle ou d'application dont nous allons parler.

ARTICLE V.

Lorsque ces hommes seront bien rompus à tous les exercices ci-dessus détaillés, on les mettra le plus souvent possible aux prises entr'eux; à cet effet, chaque compagnie devra posséder six forts plastrons pouvant couvrir la poitrine et l'abdomen; six masques garantissant bien la face, la tête et les oreilles, douze gants à *crispin*, dont six pour les mains gauches, six brassarts en bon cuir rembourré, pour garantir les bras gauches depuis l'épaule jusqu'au coude, six cols en cuir rembourré, pour garantir le cou par dessus les vêtements, six fusils de bois ayant la forme des fusils d'ordonnance et portant à l'extrémité un bon tenon pour maintenir les baïonnettes qu'on y placera comme à de vrais fusils et par les mêmes procédés, les pointes des baïonnettes seront émoussées et applaties comme les boutons de fleurets dans des proportions un peu plus grandes, on entourera ces boutons de cuir souple, ils seront garnis d'une calotte de même cuir et fixée comme celles qu'on met aux fleurets.

Lorsqu'il fera beau temps, on pourra réunir les élèves dans un grand carré, dans une cour, une prairie, sur le front de bandière d'un camp, et faire sortir successivement plusieurs groupes de deux hommes qui se masqueront, ganteront, etc., etc. Ces dispositions prises, les deux antagonistes se placeront à deux pas l'un de l'autre, au port d'armes de sous-officier, tomberont ensemble en garde d'infanterie, salueront à droite, à gauche et en avant, et se porteront à un signal donné, l'un vers l'autre, pour s'attaquer en suivant les règles ci-après qui seront les mêmes devant l'ennemi.

Conduite de combat avec un fantassin.

Nous supposons que nos hommes ont épuisé leurs munitions ou n'ont pas eu le temps de recharger leurs armes après s'être manqués, car, qu'on le sache bien une balle bien ajustée vaut mieux, lorsqu'on est pris isolément, qu'une baïonnette, eût-elle dix pieds de long; en masse, c'est autre chose; ce sont des instruments qui fonctionnent bien dans les mains de nos soldats.

Première observation.

Se tenir toujours dans la garde d'infanterie, quand on n'a pas encore croisé le fer, si l'adversaire ne connaît pas bien nos manœuvres, il verra une place ouverte à ses coups, et s'y portera en toute confiance, c'est le moment de parer vivement de gauche à droite en tierce, en relevant l'arme, et de riposter de suite sans trop s'abandonner.

Deuxième observation.

Si l'adversaire ne veut pas donner dans ce piége et se tient sur la défensive en présentant son arme, il faut lui faire quelques feintes pour l'engager à parer d'un côté ou d'un autre et porter vivement un dégagement du côté opposé à celui où il pare.

Troisième observation.

Si l'on est incertain du coup que veut nous porter l'adversaire, les parades de contre nous serviront beaucoup plus que les autres, elles éviteront de nous découvrir en prenant une parade franche sur un mouvement qui n'est peut-être qu'une feinte.

Quatrième observation.

Chaque fois que l'adversaire vous attaquera franchement, parez vigoureusement et ripostez avec vivacité et énergie, vous le toucherez assurément.

Cinquième observation.

Attaquez promptement et vigoureusement tout adversaire qui paraît n'avoir pas de sang-froid, vous le démoraliserez ; soyez prudent, rompez avec un homme calme et n'échappez pas l'occasion de lui porter un coup de riposte si elle se présente.

Sixième observation.

Si on avait affaire à deux antagonistes à la fois, il faudrait aller droit à l'un des deux pour en finir d'un seul coup avec lui et reprendre vivement l'autre.

Septième observation.

Si on était entouré d'ennemis, se jeter avec détermination vers le lieu qu'on a choisi pour sa retraite, frapper de tous côtés; des mouvements brusques et hardis peuvent vous tirer d'embarras.

On ne peut donner de régles bien précises pour les combats singuliers, de fréquents assauts livrés par les hommes entr'eux, en temps de paix, lorsqu'une fois ils connaîtront les coups et les parades, les prépareront mieux que toutes les théories et les conseils possibles.

Conduite dans les combats du fantassin envers le cavalier.

La *Sentinelle de l'Armée* du 1er avril 1840, contient à ce sujet d'excellents conseils. M. le capitaine Ylier nous pardonnera de répéter ses confidences de cavalier, l'infanterie les a reçues avec trop de reconnaissance pour les oublier; la lecture de l'article que nos citons a prévu tous les cas. Nous transcrivons mot à mot les avis du chasseur rusé à Pacaud le tirailleur de Vincennes. Nous en conservons la forme et le style, ils perdraient à être modifiés.

« Aujourd'hui, Pacaud, qu'il s'agit de briser les
« côtes à Abd-el-Kader, c'est du sérieux, et je m'en vou-
« drais toute ma vie d'avoir gêné le développement de
« tes forces en te cachant la vérité.

« Je te parle donc à cœur ouvert, et foi de cavalier,
« écoute-moi bien : tout cavalier qui s'aventure à quarante
« pas d'un fantasin, appartient de droit à ce fantasin,
« à moins que celui-ci n'ait la berlue ou une patra-
« que ; mais grâce au bon Dieu de la France, tu as de
« bons yeux et un bon fusil Delvigne.

« Quand tu es en tirailleur, un cavalier isolé ne peut
« t'attaquer que de deux manières : l'une en courant sur
« toi au galop, l'autre en t'abordant au pas ou au trot.
« La première manière est la moins dangereuse, il ne
« faut que du sangfroid ou de l'agilité pour en venir à bout.
« Attends-moi ce conscrit là jusqu'à trois ou quatre pas,
« saute vivement et fortement sur la droite pour te
« trouver à sa gauche, et au moment où il te dépasse, casse
« lui les côtes d'un coup de fusil, ou crève le flanc à
« son cheval d'un coup de baïonnette, et suis-le pour
« relever tout ce qui va tomber.

« L'autre manière est plus dangereuse pour toi, parce
« qu'elle rend les crochets inutiles, là il te faut payer
« d'adresse et de toupet; à six ou sept pas fusille le cava-
« lier, et de suite après avoir fait feu, cours sur lui à la
« baïonnette, en criant fort et en te jetant hors la direc-
« tion du cheval.

« Mets-toi bien cela en tête, et je te reponds du poste.
« Ton coup de feu, ta course immédiate et tes cris
« arrêteront et détourneront le cheval, et ton coup de
« baïonnette bien lancé arrivera au cavalier encore ébloui
« de ton feu.

« Si tu avais affaire à la cavalerie d'Europe dont les
« honnêtes gens de chevaux habitués à marcher sur des
« terrains égaux et bien déblayés, seraient capables,
« crainte de se piquer, de s'arrêter devant une touffe
« de chardons, je te dirais: campe-toi derrière, si l'un d'eux
« charge, ou derrière le moindre obstacle de terre qui
« suffira pour l'arrêter ; ici ce n'est pas de même, puisque
« ces diables de chevaux des Bédouins, habitués à vivre
« en liberté et à passer partout, ne sont arrêtés par rien
« et filent au travers d'un buisson épineux, ni plus ni
« moins qu'un sanglier ; mais dans ce pays si accidenté
« et si ouvert, il y a des blocs de rochers, des arbres
« gros comme la jambe, par-ci par-là un puits, un tas de
« pierres, et puisqu'on s'y bat, il y a des cadavres de che-
« vaux et d'hommes ! eh bien ! campe-toi derrière un de
« ces obstacles là, et au besoin tourne autour, car tout
« cela suffit pour te garer de la course d'un cheval, et
« en tournant ainsi flanque-moi au cavalier un coup de
« fusil à brûle pourpoint, ou au cheval un coup de baïon-
« nette dans les flancs, et vite, dès qu'un des deux chan-
« cèle et tombe, ramasse-moi le cavalier d'un coup de
« baïonnette à tour de bras. Mais ces farceurs de Kabyles
« ne se battent pas habituellement de si près, et c'est
« plutôt de loin et à coups de fusil qu'ils font la causette.
« Avec ton fusil Delvigne, dont je me souviens que tu
« joues fort bien, tu peux entamer la conversation encore

« de plus loin qu'eux, mais encore là il y a manière de
« s'y prendre pour ne pas être pris au dépourvu, ou
« pour les amener à causer de plus près.

« D'abord, tu ne dois t'arrêter que pour tirer, autre-
« ment, même en chargeant, il faut toujours être en mou-
« vement pour qu'on ne puisse t'ajuster aussi bien;
« et toujours avant de faire feu à quelque portée que ce
« soit, il faut t'assurer que tu as sous la main de quoi
« recharger ton arme en un clin d'œil, chose que tu dois
« faire sitôt que tu as tiré, quel que soit le résultat de ton
« coup, et en préparant en même temps une nouvelle
« charge comme je viens de te le dire. Et maintenant
« une supposition : tu es en tirailleur, et un Bedouin
« est à 300 pas vis-à-vis de toi, tu lui campes un coup de
« fusil, tu le descends ou tu le manques, c'est clair;
« eh bien ! dans les deux cas, recharge vite ton arme, en
« bougeant de place, et assure-toi d'une autre charge;
« si tu l'as descendu et qu'il y ait moyen, va-t-en savoir
« de ses nouvelles, en te tenant en garde contre une ruse;
« si tu l'as manqué, continue à remuer jusqu'à ce
« qu'il ait riposté.

« Si de causer de si loin sans résultat t'ennuie, dès
« qu'il aura tiré, laisse-toi tomber, mais de manière à
« pouvoir l'observer. Probablement ce farceur-là, jaloux
« d'offrir ta tête à son marabout, va venir la chercher;
« laisse-le venir, tout en faisant le mort, arme ton fusil,
« et vérifie l'amorce, et quand il est à trente ou quarante
« pas de toi, debout vivement, mon garçon, et regarde-
« moi ce monsieur dans le blanc des yeux ; que le diable
« m'emporte si la surprise et le sentiment d'être en
« défaut en face d'un malin ne le font pas s'arrêter ou
« faire demi-tour; feu, alors, feu ! et enfoncé le Bedouin !
« Que diable, tu casses des blancs à 200 pas, tu ne
« me feras pas croire que tu manqueras un homme à 40;
« je te dis qu'il fera le plongeon ! et vite, au trot, cloue-
« le à terre, recharge ton fusil et puis arrête le cheval,
« si tu peux, ça servira à monter un de nos chasseurs.

« Si, au lieu de s'arrêter et de faire demi-tour, cet

« enragé-là continue de courir sur toi, ne tire pas, et
« quand il est à trois ou quatre pas de toi, saute vive-
« ment sur la droite (afin d'être à sa gauche), et à l'ins-
« tant où il te dépasse, campe lui la balle dans les côtes,
« ou ta baïonnette dans le ventre de son cheval, et tiens
« toi prêt à ramasser à la baïonnette tout ce qui va
« tomber.

« Si au lieu de courir au galop, il vient sur toi au pas
« de trot, à 6 ou 7 pas : feu, et à la suite de la balle, charge
« à la baïonnette en te rangeant hors de la direction
« du cheval.

« Crois-moi, et à la première occasion essaie-le, et tu
« verras que tout cela est aussi facile à faire qu'à dire,
« et quand toi et tes camarades, au moyen de cette
« ruse, vous aurez échaudé quelques-uns de ces magots-
« là, tu verras qu'ils y regarderont à deux fois pour
« venir embêter les morts; mais si, par un hazard que je
« ne peux pas croire, il t'arrivait, étant de si près, de
« manquer ton Bédouin, du toupet, mon garçon, et il
« n'y a rien de perdu; attaque-moi ce monsieur à la
« baïonnette, je te reponds qu'avec ton agilité et une
« baïonnette comme la tienne, il y a joliment moyen de
« mécaniser un cavalier monté sur un petit cheval;
« garde-toi seulement de son choc, et s'il est au pas, cela
« est facile; le moindre coup sur la tête le fera déranger
« ou faire demi-tour, et vite, alors travaille le cavalier.

« C'est quand un cheval est ainsi au pas ou arrêté que
« lui piquer le nez avec la baïonnette est une excellente
« affaire. Pas de risque qu'il marche ensuite à toi;
« mais ne vas pas croire ces bonnes gens qui vous disent
« d'arrêter un cheval au galop ou même au trot en lui
« piquant le nez. Ne t'avise pas de te fourrer devant lui
« quand il va si bon train, car il te fera faire trois
« ou quatre tours en l'air à croix ou pile, sans plus
« s'en apercevoir que s'il avait heurté un hanneton.
« Enfin, mon cher Pacaud, au feu il y en a pour tout
« le monde, et tu peux bien te rencontrer avec une
« balle, étant ainsi en tirailleur. Dans ce cas là, mon

« ami, ne te démonte pas, et s'il y a tant soit peu
« moyen, tiens-toi sur tes jambes, ou à genoux ou assis,
« face à l'ennemi, en t'appuyant sur ton fusil, et comme
« il y a des camarades à portée, appelles à ton aide
« et recharge, ton fusil, si par hasard il est vide. Cette
« charge là vois-tu, c'est ce qu'on appelle la poire pour
« la soif ; elle suffit pour te débarrasser du sauvage qui
« courrait sur toi avant l'arrivée des autres ; laisse-le
« approcher, et à brûle-pourpoint chauffe-le et recharge
« vite. Si ma lettre n'était pas déjà si longue, je te citerais
« vingt exemples à l'appui de tout ce que je te dis là en
« ami, tu peux m'en croire, un fantassin isolé, avec de
« l'audace, de l'adresse et une bonne arme comme la
« tienne, en bon état et chargée, se moque d'un cavalier,
« fût-ce St-Georges ou St-Martin, et l'infanterie en troupe,
« avec de la résolution, de bonnes armes et des cartou-
« ches, n'a pas grand'chose à craindre d'une charge de
« cavalerie régulière et se moque complètement d'une charge
« de cavalerie en troupeau de moutons comme les Bédouins.
« Il faut pour cela être en mesure ; aussi, si jamais, étant
« en tirailleurs, tes camarades et toi, vous voyez se ras-
« sembler une masse de cavaliers, méfiez-vous d'un hour-
« ra, et vite ralliez-vous, pelotonnez-vous, et quand la
« masse arrive à 200 pas de vous commencez un feu de
« file bien nourri et surtout bien ajusté ; tu verras com-
« me tout cela, même malgré les cavaliers, passera au-
« tour de votre groupe sans vous toucher et se débandera
« dans toutes les directions.

« Il faut bien que tu sois mon ami pour que je te dé-
« voile ainsi tous nos secrets de cavaliers ; mais, ma foi,
« chaque chose à son temps ; il ne s'agit plus de rire ; il
« s'agit de frotter les Bédouins (ou tout autre individu).
« Pour cela, mon cher Pacaud, ton fusil, c'est tout,
« soigne-le donc comme ta maîtresse et ne le perds jamais de
« vue. Attrape-moi un bon bouchon pour en fermer l'em-
« bouchure, et une vieille coiffe de schako ou quoi que
« ce soit dont tu lui feras un couvre-platine. Par une nuit

« de bivouac ou quand il pleut, l'humidité, vois-tu, joue
« souvent de mauvais tours. Le matin, avant d'entrer en
« chasse, relève le chien, ôte la capsule, épingle la
« cheminée et mets une amorce nouvelle. »

« Ton ami,

« RUSÉ,

« *Chasseur à cheval.* »

Après les excellents conseils donnés ci-dessus nous n'a-
vons plus rien à dire, nos tirailleurs connaissant huit
parades pourront faire un choix convenable pour se parer
d'un coup dirigé vers quelque partie de leur personne,
nous leur en avons indiqué l'usage, nous recommandons
particulièrement le coup *lancé*, pour toucher le cheval
ou le cavalier.

Dispositions à prendre contre l'artillerie.

Lorsqu'une ligne de tirailleurs se trouvera en présence
de l'artillerie, son chef placera les plus adroits tireurs et
les mieux armés aux lieux les plus avantageux pour
inquiéter les servants des pièces et les conducteurs des
chevaux; ces hommes ne devront, dans ce cas, prendre
aucun souci des tirailleurs ennemis qu'ils auront en présence, ils s'attacheront uniquement à abattre les artilleur
et leurs chevaux. La réserve ou un corps plus nombreux
voyant le feu de l'artillerie ralenti, se portera vers les
pièces au pas de course, et nul doute que les batteries
ne soient enlevées ou obligées de se retirer faute d'hommes exercés pour continuer leur service.

CINQUIÈME SÉRIE.

Les exercices qui suivent peuvent être regardés comme
les véritables manœuvres de tirailleurs, les hommes agis-

sont en troupe et combinent leurs mouvements pour la défense générale. Nous supposons un peloton ou une compagnie placée sur deux ou trois rangs, l'organisation sur deux rangs est préférable, à mon avis, pour des tirailleurs ; les mouvements sont plus prompts, les réserves sont toutes formées ; c'est cet ordre qu'on choisit aussi pour établir les cercles, les colonnes, lorsqu'on a été attaqué vivement et qu'on s'est rallié ; de plus, si, dans cette organisation, on a laissé le choix aux hommes de se placer dans le rang sans distinction de taille , par camarades de deux files, on aura une puissance morale ajoutée à la puissance physique.

Le peloton étant formé sur trois ou deux rangs aura un chef de peloton , un sous-officier de remplacement, un chef de section et un guide de gauche ; les officiers et les sous-officiers non employés seront placés en serre-file ; l'instructeur ou le capitaine commandera les manœuvres ; c'est principalement sur les deux chefs de section et les guides que rouleront tous les emplois ; ces dispositions prises , le chef de peloton fera numéroter de la droite à la gauche avec une grande exactitude et de manière à ce que les hommes de tous les rangs connaissent bien leur chef de file.

ARTICLE PREMIER.

PORT D'ARMES PRÉLIMINAIRE POUR LA MARCHE EN BATAILLE A LA BAÏONNETTE.

Tous les militaires sont d'avis que la position indiquée dans les ordonnances pour marcher en troupe dans l'attaque à la baïonnette est vicieuse , une ligne de bataille ou une tête de colonne est de suite rompue, le désordre s'y met en un instant ; les moyens suivants pareront à ces inconvénients en même temps qu'ils donneront aux hommes une position aussi menaçante que commode et leur laisseront toute liberté d'action pour la marche régulière et même la course.

Je réclame exclusivement l'invention de cette position ainsi que celle des *parades de tête*; je l'expliquai à M. Pinette, dans les leçons que je reçus de lui et il l'inséra dans son ouvrage; la position qu'il indique n'est pas tout-à-fait celle que je décris.

Le peloton étant en bataille, correctement aligné et et au port d'armes de sous-officier, l'instructeur commandera:

1. Pour croiser la baïonnette,

Apprêtez — ARMES.

Un temps, deux mouvements.

Premier mouvement.

Au dernier commandement, porter vivement l'arme avec la main droite vers le côté gauche du corps, de manière à ce que la main gauche vienne la saisir à la capucine, le coude gauche au corps, le poing gauche touchant le teton gauche, la baguette en avant, la main droite à la sous-garde, la tête du chien touchant l'abdomen, les épaules bien effacées, les pieds toujours en équerre et les talons sur la même ligne.

Deuxième mouvement.

Quitter la sous-garde, saisir l'arme à pleine main, la main droite appuyée à la hanche droite.

Lorsqu'on sera au port d'armes de soldat, le premier mouvement s'exécutera comme le premier mouvement de présenter les armes dans l'ordonnance, le deuxième s'exécutera comme le premier mouvement décrit ci-dessus, à l'exception que la main droite ira se placer de suite à la hanche droite, tenant l'arme à la poignée.

Les hommes étant dans cette position, si l'instructeur veut leur faire croiser la baïonnette, il commandera:

1. Pour résister.
2. *Croisez* — LA BAIONNETTE.

Un temps, deux mouvements.

Premier mouvement.

Redresser vivement l'arme perpendiculairement vers l'épaule droite qu'on effacera, la main gauche appuyant vers le téton droit.

Deuxième mouvement.

Tomber en garde de tirailleur du pied gauche, faire arriver, de la main gauche, l'arme dans la position de garde de cavalerie, la pointe du pied droit s'ouvrant un peu.

Lorsque l'instructeur voudra faire reprendre la position antérieure d'*apprêtez les armes*, il commandera :

Redressez — ARMES.

Un temps, deux mouvements.

Premier mouvement.

Redreser l'arme perpendiculairement avec la main gauche, vers l'épaule droite, rapporter le pied gauche à côté du droit, les deux talons sur la même ligne, les pointes en équerre.

Deuxième mouvement.

Rapporter l'arme diagonalement vers l'épaule gauche, la main droite à la hanche droite.

Si l'instructeur veut faire porter les armes en sous-officier, étant dans la position d'*apprêtez les armes*, il commandera :

Portez — ARMES.

Un temps, deux mouvements.

Premier mouvement.

Rapporter l'arme d'aplomb vers l'épaule droite, empoigner avec la main droite le chien et la sous-garde, le bras droit presqu'allongé.

Deuxième mouvement.

Placer la main gauche dans le rang.

Si les hommes devaient se mettre au port d'armes de soldat, ils exécuteraient ce qui est prescrit à l'article de porter les armes après les avoir présentées.

Lorsqu'on fera porter les armes étant dans la position de croiser la baïonnette ou de résister, on rapportera toujours le pied droit à côté du gauche ; il faut bien l'expliquer aux hommes, parce qu'ils ont toujours une propension à se tromper lorsqu'ils ont exécuté, une fois le mouvement de redresser les armes.

ARTICLE II.

MARCHE EN BATAILLE POUR ATTAQUER A LA BAÏONNETTE.

Le peloton étant en bataille ou supposé faire partie d'une tête de colonne, l'instructeur fera apprêter les armes pour croiser la baïonnette.

Le commandement étant exécuté et les hommes régulièrement placés, il mettra son peloton en marche au pas ordinaire, accéléré ou de course, lui ayant fait parcourir ainsi la distance qu'il jugera convenable, si le peloton doit seulement s'arrêter et résister à un choc, il commandera :

1. Pour résister.
2. *Peloton —* HALTE.

Au commandement de *halte,* qui se fera au moment où le pied droit va poser à terre, les hommes tomberont en garde du pied gauche en s'arrêtant immédiatement dans la position indiquée de croiser la baïonnette pour résister, l'instructeur pourra alors faire porter quelques coups lancés par les premiers et les deuxièmes rangs.

Si le peloton devait aborder l'ennemi, le chef fera croiser la baïonnette trente pas avant d'arriver sur lui, à cet effet, les hommes étant en marche dans la position d'*apprêtez les armes*, il commandera :

Croisez — la baïonnette.

Les hommes croiseront la baïonnette et continueront à marcher jusqu'au commandement de halte.

L'instructeur pourra, dans l'enseignement, faire croiser la baïonnette et redresser les armes alternativement en marchant.

Pour aborder l'ennemi, voilà ce que je crois de plus couvenable, c'est de mettre la troupe qu'on a sous ses ordres en marche au pas redoublé et dans la position d'*apprêtez les armes* pour croiser la baïonnette, qu'on croisera réellement à vingt mètres du point d'abordage, en s'élançant au pas de course rapide ; de cette manière, l'ordre de bataille ne sera point trop dérangé , et l'ennemi recevra un choc simultané auquel il lui sera difficile de résister.

ARTICLE III.

CROISER LA BAÏONNETTE DE PIED FERME.

Le peloton étant en bataille et au port d'armes, l'instructeur commandera :

Croisez — LA BAÏONNETTE.

Prendre dans chaque rang la garde de cavalerie, ayant le soin de bien placer le pied droit de manière à ne pas rencontrer ceux du deuxième rang ; si on exécute le mouvement par principe, cela n'arrivera pas.

Nous voudrions voir adopter cette position dans les ordonnances, au lieu de celle pratiquée jusqu'à ce jour ; les hommes seraient plus solides sur leurs jambes.

ARTICLE IV.

DÉPLOYER LES TIRAILLEURS DE TOUTES LES MANIÈRES POSSIBLES.

Voir l'ordonnance du 4 mars 1831, sur les manœuvres de l'infanterie.

ARTICLE VI.

SUPPLÉMENT A L'ÉCOLE DB TIRAILLEURS.

Embuscade.

Les tirailleurs étant déployés sur une ligne quelconque, leur chef voulant les dissimuler à l'ennemi, ou leur éviter d'être exposés à un feu trop meurtrier, pourra les faire coucher par terre simultanément à son commandement, ou au signal donné par la sonnerie, à cet effet il commandera :

1. Attention.
2. A TERRE.

Au dernier commandement, tous les hommes de la ligne de tirailleurs se placeront à terre de manière à se cacher le mieux possible, tout en surveillant les mouvements de l'ennemi.

Le chef voyant le moment opportun de démasquer toute la ligne pour attaquer l'ennemi ou le surprendre, fera le commandement suivant, ou le fera donner par le clairon :

1. Attention.
2. DEBOUT.

Les hommes se relèveront vivement et commenceront le feu ou chargeront à la baïonnette dès qu'on l'ordonnera.

Ralliements.

Un peloton déployé en tirailleurs se rallie pour résister à l'ennemi; il se rassemble lorsqu'il n'a plus à craindre d'être inquiété.

Le ralliement se fait au pas de course de *vélocité*.

(Voyez pour ce pas, l'observation à la fin de l'article 6 de la première série).

Ralliement par quatre.

L'instruction sur l'école des tirailleurs a dû nous familiariser avec les divers modes de ralliements; nous ne parlerons que de ceux qu'elle ne comprend pas dans ses détails, le suivant est de ce nombre, et peut trouver quelquefois d'utiles applications.

Une ligne de tirailleurs étant déployée selon les règles de l'ordonnance, son chef voulant la faire rallier par groupes de quatre hommes, commandera:

1. Ralliement par quatre.
2. MARCHE.

Au deuxième commandement, tous les numéros impairs du premier rang ne bougeront pas de place, tous les autres feront par le flanc droit et iront se placer de la manière suivante: le numéro impair du deuxième rang à côté de son chef de file, ses épaules placées carrément, de manière à former la face latérale de droite; le numéro pair du premier rang se placera à la gauche de son voisin impair du même rang et formant la face latérale de gauche, le numéro pair du second rang ira enfin former la face postérieure de ce petit carré, en tournant le dos à l'homme impair du premier rang qui n'a pas bougé.

Lorsqu'on fera exécuter les feux étant en carré, les hommes de la face latérale de droite tireront obliquement à gauche, les hommes de la face latérale de gauche tireront obliquement à droite, pour ne pas se nuire et diriger les balles vers les points menacés.

Les chefs de section auront le soin de ne jamais prendre pour leurs petites réserves personnelles les numéros impairs d'une série de quatre hommes ; dans ces ralliements par quatre, les guides et officiers pourront se réunir en cercle dans le carré le plus voisin d'eux.

Il peut arriver dans le combat qu'une petite série soit désorganisée, dans ce cas, le carré maltraité se réunira à son voisin et formera un cercle avec lui.

Dans les feux par carrés, on devra tirer alternativement, et conserver toujours deux armes chargées, le feu commencera par la face menacée.

Si, étant en carré, le chef voulait se contenter de faire résister à la baïonnette, il commandera :

1. Pour résister.
2. *Croisez* — LA BAÏONNETTE.

Exécuter ce qui a été prescrit pour ce mouvement; en portant le pied gauche en avant, les hommes s'appuyeront dos à dos pour être plus fermes et mieux résister à un choc. On pourra faireporter quelques coups lancés.

Pour habituer les hommes à se réunir et à veiller à leur défense mutuelle, le chef fera exécuter dans les exercices des doubles passes en avant, lancer un coup, et reprendre la position par une double passe en arrière, à cet effet, il commandera :

1. Double passe en avant;
2. Coup lancé ;
3. Double passe en arrière ;
4. MARCHE.

Au dernier commandement, les hommes exécuteront la double passe, porteront le coup et reviendront promptement s'appuyer les uns aux autres.

Les carrés étant formés, le capitaine pourra les porter dans toutes les directions possibles, ayant le soin de prendre pour base de tous ses mouvements les faces composées des numéros impairs du premier rang.

Je suppose qu'il veuille marcher en retraite, le numéro impair du premier rang fera demi-tour, les numéros qui sont à sa droite et à sa gauche, feront par le flanc, l'un à droite, l'autre à gauche; le numéro qui était derrière lui n'aura qu'à se porter en avant, et dès que le chef commandera *halte*, les hommes se mettront en mesure de faire face de quatre côtés. De cet exemple, on peut déduire tout ce que l'on aura à faire pour les autres cas; les hommes subordonneront leurs mouvements à ceux que feront les numéros de base. Les carrés marcheront alignés du côté où l'on indiquera le guide.

Lorsque le chef voudra faire rompre les petits carrés, il commandera :

1. Tirailleurs en ligne.
2. Marche.

A ce commandement, tous les hommes se porteront promptement sur la ligne de bataille, aux intervalles indiqués.

Observations.

Tous ces petits carrés habituent les hommes à veiller à leur conservation et à se porter secours mutuellement, dans l'occasion ; car, dans une pays fourré, le chef ne peutsouvent surveiller toutes les actions, c'est aux hommes à prendre la décision la plus ferme et la plus convenable à leur situation.

Si un peloton sur trois rangs était entièrement déployé sans avoir laissé de réserve, le ralliement se ferait par *six*, le numéro impair du premier rang servant toujours de base ; dans ce cas les hommes se formeraient promptement en cercle sans distinction de numéro et faisant face en dehors.

MARCHE EN COLONNE PAR SECTION.

Formation du carré.

Si, après un ralliement sur la réserve et avoir rompu le cercle, selon l'ordonnance de l'école des tirailleurs, le terrain ne permettait pas de former la compagnie en deux sections, le capitaine pourrait la diviser en trois sections qui sont toutes tracées par l'aile droite, la réserve et l'aile gauche : après avoir rompu par section à droite, il marchera alors en colonne dans cet ordre à distance de demi section ; le lieutenant commandera la première section, le sergent-major la deuxième, et le sous-lieutenant la troisième ; chaque chef de section servira de guide à la troupe qu'il commande, s'il n'a pas assez de serre-files. Le sergent-major aura le soin de subdiviser sa section en deux fractions égales.

Le capitaine voulant arrêter le peloton pour former un carré, devant résister à l'ennemi, commandera :

1. Attention, pour former le carré.
2. *Formez le carré* — Marche.

Au premier commandement, le chef de la première section l'avertira qu'elle devra s'arrêter au commandement de *marche*, le chef de la deuxième section commandera par demi section à gauche et à droite en bataille, le chef de la troisième l'avertira qu'elle devra continuer à marcher jusqu'à son commandement de *halte*.

Au commandement de *marche*, la première section s'arrêtera et sera alignée à gauche, la deuxième subdivision de la deuxième section fera à gauche en bataille et sera alignée à droite, la première subdivision de cette section fera à droite en bataille et sera commandée par le troisième sergent qui l'alignera à gauche, la troisième section serrera pour former le carré, son chef lui fera exécuter un demi-tour et l'alignera à droite.

Les premières et dernières files des premières et troisèmes sections feront à droite et à gauche dès que le carré sera formé. Tous les officiers et sous-officiers se placeront dans l'intérieur du carré.

Le capitaine, voulant rompre le carré, commandera :

1. Attention, pour rompre le carré.
2. *Rompez le carré.* — Marche.

Au premier commandement, les files extérieures des

premières et troisièmes sections, se mettront de front,
le chef de la première commandera section en avant,
le sergent-major fera faire par le flanc droit à sa subdivision, le troisième sergent par le flanc gauche à la sienne,
la troisième sction fera demi-tour; au commandement de
marche, la première section se portera en avant, l'étendue
d'une demi-section, et sera alignée à gauche, la deuxième
subdivision commandée par le sergent-major fera *par file
à droite*, et la première subdivision commandée par le
troisième sergent fera par *file à gauche*; dès qu'elles
seront réunies le sergent-major les mettra de front et les
alignera à gauche, la troisième section sera aussi alignée à
gauche sur le prolongement des deux premières.

Quand la colonne sera la gauche en tête, le mouvement s'exécutera par les moyens inverses.

Si le capitaine voulait former les sections en bataille,
il ferait prendre les distances de section et commanderait:

1. A gauche en bataille.
1. Marche.

Ce mouvement s'exécuterait selon les principes des
ordonnances sur les manœuvres de l'infanterie.

SIXIÈME SÉRIE.

ARTICLE UNIQUE.

ASSAUTS.

Un assaut est une action des plus difficiles et des plus
périlleuses de l'art militaire; et cependant on enseigne
le maniement et l'usage de toute sorte d'armes, l'exécution de toute sorte de mouvements, de tout genre de travaux de siége, et l'on n'enseigne point celui qui les termine,
qui les couronne, qui décide quelquefois du sort d'une
campagne et d'un empire. Cette insouciance est incom-
préhensible, cet oubli impardonnable; M. le général

Duhesme , dans ses ouvrages, le blâme avec raison, ainsi que les mauvais armements des militaires que l'on destine à ces périlleuses entreprises; de là le désordre qui presque toujours fait manquer ces opérations.

Nous ne parlerons que de l'assaut qu'une compagnie peut donner à une portion de retranchement de campagne, entouré d'un fossé non palissadé.

Attaque et assaut d'une redoute.

Le capitaine placera sa compagnie aussi près qu'il le pourra sans trop de danger, du point qui doit être assailli; il la disposera de manière à ce que toutes les files et les trois rangs aient entr'eux l'espace d'un mètre, ou bien la grande distance. Ces dispositions prises, il fera porter l'arme en sous-officier et commandera :

1. Peloton en avant.
2. Pas de course cadencé.
3. MARCHE.

A ce commandement, le peloton se portera promptement et bien aligné vers le point désigné d'avance; arrivé à 50 mètres de l'ouvrage, le capitaine commandera énergiquement :

1. *A l'assaut.*
2. MARCHE.

Les hommes du peloton, pour se mettre à couvert promptement des feux des défenseurs, courent alors franchement et de toute vitesse vers l'ouvrage , sautent en profondeur dans les fossés, ou se laissent glisser sur le talus de contrescarpe ; le troisième rang ou une petite réserve, désignée à l'avance, restera seule sur la contrescarpe pour faire feu contre quiconque se présenterait sur les parapets.

Le premier et le deuxième rangs reprennent un instant haleine, au fond du fossé, après quoi, sans commandement, ils continuent l'assaut; pour cela, les hommes du deuxième rang soulèvent des mains ceux du premier, pour les faire arriver sur la berme, ceux du deuxième rang se rendent réciproquement le même service. L'association par camarade de quatre, indiquée plus haut, donnera une grande promptitude à ce mouvement; dès qu'ils sont sur la berme, ils gravissent le talus extérieur, arrivent sur la plongée, font une décharge à bout portant, sautent dans l'ouvrage, poursuivent les défenseurs la baïonnette dans les reins et les forcent à se rendre.

Quelques hommes peuvent bien rester dans les fossés, n'ayant pu être aidés assez promptement; mais cela est de peu d'importance, car on aura toujours le premier rang en entier et la moitié du deuxième qui pénétreront certainement et vivement dans l'ouvrage. Les hommes du deuxième rang veilleront à ne pas se blesser avec les baïonnettes du premier rang en sautant dans le fossé; à cet effet, les hommes du premier rang se porteront promptement vers l'escarpe, inclinant les baïonnettes de ce côté; quant au placement de l'arme dans l'escalade, chaque homme la portera de la manière qu'il jugera la plus commode ; j'ai remarqué dans mes exercices que beaucoup d'hommes plaçaient le fusil sur la berme en grimpant.

Observations.

Nos tirailleurs isolés ou en troupe trouveront, nous osons l'espérer, dans ces divers exercices, des ressources pour beaucoup de positions critiques, qu'amènent souvent les chances des combats; mais cela ne suffit pas, il faut encore les préparer aux fatigues, à toutes les actions du genre de guerre qu'ils sont appelés à faire.

Pour que des troupes légères puissent rendre les services qu'on attend d'elles, il faut qu'elles s'adonnent journellement à la gymnastique, que des exercices de corps régulièrement et méthodiquement suivis, les entretiennent dans des habitudes d'agilité, d'adresse et d'activité continuelles.

Nous copions textuellement le programme de la méthode amorosienne pour indiquer ce qu'on entend par la gymnastique; car quelques hommes peu éclairés ou d'un mauvais vouloir, cherchent encore à la discréditer parmi les troupes, malgré les ordres favorables d'un ministre de la guerre, qui, dans une instruction du mois de janvier 1840, concernant cet enseignement spécial, dit que l'utilité de la gymnastique pour le soldat ne peut plus aujourd'hui être contestée.

Lorsqu'on l'aura lu, on ne pourra qu'avouer, à moins d'être de mauvaise foi, qu'il contient tous les éléments de l'éducation individuelle d'un homme de guerre, du combattant proprement dit.

PROGRAMME DES EXERCICES GYMNASTIQUES D'APRÈS LA MÉTHODE
AMOROSIENNE.

1. Développer les mouvements élémentaires du corps
et des extrémités supérieures et inférieures qui disposent
à tous les exercices vraiment utiles pour la santé, et aux-
quelles on peut se livrer, sans avoir besoin de machines,
soit dans les casernes, soit dans les camps, soit à bord des
bâtiments, pour conserver sa force, son agilité et s'affran-
chir des dangers de l'oisiveté.

2. Marcher et courir au pas gymnastique, individuellement et en troupe, sur des terrains difficiles et parse-
més d'obstacles ; passer sur des poutres, à une grande
élévation, étroites, fixes, vacillantes et inclinées.

3. Sauter libre et armé, en profondeur, en hauteur,
en largeur, pour franchir des barrières, des haies, des
palissades, des ravins.

4. Monter à des échelles droites ou renversées, avec
les mains sans les pieds, avec ou sans fardeau, avec
armes et bagages et de toutes les manières gymnastiques
possibles.

5. Grimper au haut d'un mât, d'une perche, d'une corde
lisse ou nouée, d'un mur légèrement accidenté.

6. Traverser un certain espace en se tenant suspendu
par les mains, à une poutre, à une perche, à une corde
tendue ou lâche.

7. Porter en repos ou en mouvement, et avec adresse,
des corps incommodes d'un certain poids et quelquefois
des hommes, tirer à soi, soulever, traîner ou pousser
des poids considérables.

8. Lancer toute espèce de projectiles, soit avec les
mains, soit avec des machines, pratiquer tous les exercices qui donnent un bon coup d'œil et l'adresse néces-

saires aux extrémités supérieures , lancer particulièrement des grenades , l'application pouvant s'en faire à la guerre.

9. L'escrime et le maniement de toute espèce d'armes, le tir du pistolet, du fusil, de la carabine.

10. La voltige et les éléments d'équitation , sauter lestement en croupe d'un cavalier.

11. Lutter de plusieurs façons, de manière à developper la force des muscles et l'adresse du corps.

12. Nager nu ou habillé, avec ou sans fardeau , et surtout avec des armes à feu, dans des eaux tranquilles, des eaux courantes, à la mer.

13. Remuer la terre avec des pelles, des pioches, former des parapets de terre , de pierres ou d'autres matières , abattre des murs , transporter au loin leurs débris en formant des chaînes ou en courant.

14. Etablir avec promptitude des logements, des ponts volants, et simuler enfin tous les travaux de campagne.

15. Enseigner l'art de bien se servir des machines gymnastiques soit pour les assauts ou pour les leçons , et d'en établir promptement, au besoin , de provisoires, pour les camps ou autres lieux.

16. Developper la voix par des chants , dont les rhythmes peuvent s'appliquer à divers exercices, et les pensées, inspirer aux soldats l'amour de la patrie , les belles actions, la gaîté dans les marches fatigantes, le courage dans les combats (1).

Nous le demandons, est-il un seul article de l'instruction que nous venons de citer qui soit inutile à un militaire ? eh bien ! voilà 24 ans qu'on cherche à donner cette éducation à nos soldats sans pouvoir y réussir ; on est

____

(1) La méthode musicale de M. le docteur Chevé, qui a obtenu de si brillants succès dans la garnison de Lyon, en 1843, remplirait dignement ce but, si elle était appliquée à l'armée entière.

même beaucoup moins avancé qu'il y a 10 ans; et certes, on ne peut dire qu'ils manquent de zèle et d'ardeur, le soldat français (amour propre mis de côté) est par sa constitution le plus apte des européens à saisir promptement tous les détails de cette éducation; qui donc l'en empêche? La nature de cet ouvrage ne nous permet point d'entrer dans des considérations détaillées à ce sujet.

La régularité, la précision, étant des conditions essentielles de succès dans la gymnastique, il est important de n'en confier l'enseignement, qu'à des hommes prudents, zélés et consommés dans cet art; car il ne faut faire exécuter que des choses purement utiles et éviter de tomber dans le funambulisme, les tours de force; ce qui arrive malheureusement trop souvent aux gens ignares ou disposés à briller par des effets corporels qui excitent la curiosité des spectateurs trop disposés à applaudir à leurs gambades et à leurs farces ridicules.

BIBLIOTHÈQUE ROYALE

EXPLICATION DES PLANCHES.

Le dessin pointillé indique la position avant l'exécution du mouvement ; le trait noir indique le mouvement terminé.

PREMIÈRE PLANCHE.

PREMIÈRE SÉRIE.

Art. 1. La prise de la distance vue de face, la droite étant fixe.

Art. 2 et 3. Le pas modéré et accéléré gymnastique sur place.

Art. 4. Le pas de course cadencé en application.

DEUXIÈME SÉRIE.

Art. 1. Position des pieds vue en plan dans la garde de tirailleur.

Art. 2. A, passe en avant ; B, passe en arrière ; C, passe à droite ; D, passe à gauche ; (nous n'indiquons pas les doubles passes, l'explication et la connaissance des passes simples les feront suffisamment comprendre).

Art. 3. E, face à droite ; F, face à gauche.

Art. 4. G, demi-tour à droite ; H, demi-tour à gauche.

Art. 5. I, double demi-tour à droite ; J, double demi-tour à gauche.

(Nous n'indiquons que la moitié du mouvement, puisqu'il ne s'agit pour le compléter que d'exécuter un autre demi-tour sur la jambe gauche, du même côté).

Art. 6. K, pas de garde en avant ; L, pas de garde en arrière.

DEUXIÈME PLANCHE.

TROISIÈME SÉRIE.

Art. 1. Garde contre la cavalerie.
Art. 2. Garde contre l'infanterie.
Art. 3. A, coup de prime ; B, de tierce ; C, de quarte ;
D, coup lancé en avant.
Art. 4. Coup de taille à droite.
Art. 5. Parades de corps; E, en prime à droite.

TROISIÈME PLANCHE.

TROISIÈME SÉRIE.

Art. 5. F, en prime à gauche; G, en tierce; H, en quarte;
en quarte basse.
Art. 6. Parades de tête; J, en avant ; K, à droite ; L, à
gauche.

QUATRIÈME PLANCHE.

CINQUIÈME SÉRIE.

Art. 1. Port d'armes préliminaire pour la marche à la
baïonnette.
Art. 6. A, ralliement par quatre.

CINQUIÈME PLANCHE.

Indication des diverses sonneries.

4.º PLANCHE

5.º Serie

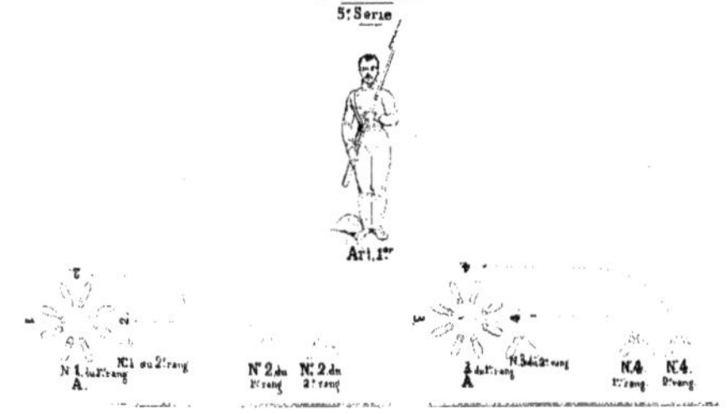

Art. 1.er

N.º 1. du 1.er rang   N.º 1 du 2.º rang

A.

N.º 2 du 1.er rang   N.º 2 du 2.º rang

N.º 3 du 1.er rang   N.º 3 du 2.º rang

A

N.º 4 1.er rang   N.º 4 2.º rang

Art. 6.

5.º PLANCHE

Course Cadencée	Picolo	A
Pour faire coucher la Ligne	Andante (très lent)	B
Pour faire Charger la Ligne	Presto	C
Battement par quatre	Presto	D
Rompre le Serré	Presto	E
Pour rassembler les Tirailleurs	andante	F

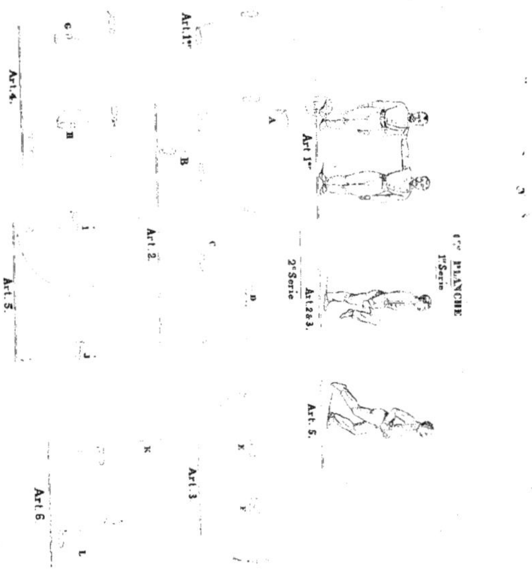

1.re PLANCHE

1.re Serie

2.e Serie

Art. 1.er   Art. 1 2 et 3.   Art. 5.

Art. 1.er

Art. 2

Art. 3

Art. 4.

Art. 5.

Art. 6

A B C D E F G H I J K L

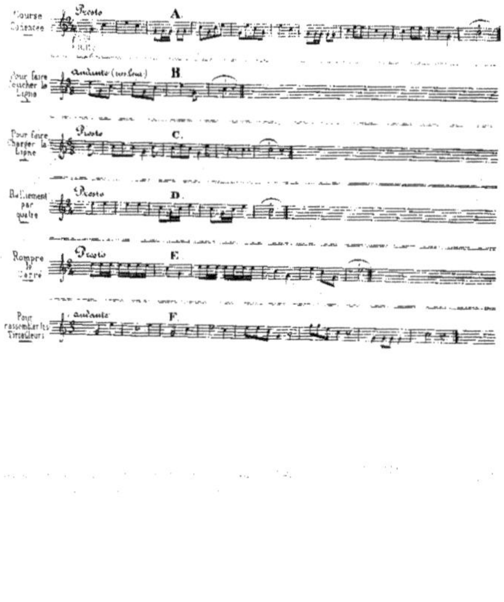

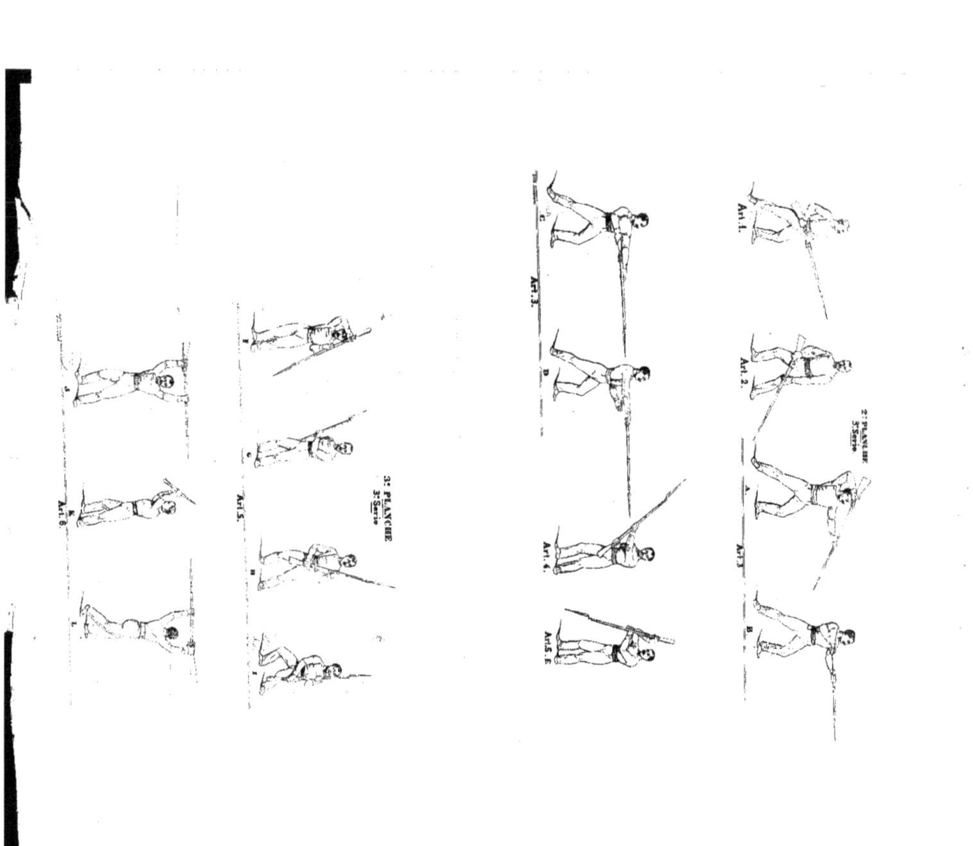

www.ingramcontent.com/pod-product-compliance
Ingram Content Group UK Ltd.
Pitfield, Milton Keynes, MK11 3LW, UK
UKHW020028100726
13658UKWH00003B/1189